The Last Day of My Life
# 내 생애 마지막 날

짐 모렛Jim Moret 지음 | 정수경 옮김

나들목

**지은이 짐 모렛(Jim Moret)**
지난 20년 동안 저널리스트로 활동해 왔다. 현재는 로스앤젤레스의 '인사이드 에디션Inside Edition'에서 방송국장을 역임하고 있다. FOX, HLN, CNN의 정기 기고자이며 법률 분석가이다. 또한 《래리 킹 라이브Larry King Live》를 포함한 수많은 프로그램의 게스트이자 사회자이다. 그는 약 10년 간 CNN의 베테랑 저널리스트로 활동하며, 장기 프로그램인 《쇼비즈 투데이Showbiz Today》와 CNN의 간판 프로그램인 《더 월드 투데이The World Today》의 공동 앵커를 맡기도 했으며, 《뉴스나이트NewsNight》의 앵커로 활동하기도 했다.

**옮긴이 정수경**
한성대학교 영어영문학과를 졸업한 뒤 에번즈빌 대학교 국제학과를 졸업했다. 에번즈빌 리터러시 센터The Literacy Center 문맹자를 위한 비영리단체에서 기관 기금 마련 프로젝트를 담당했다. 현재 전문 번역가로 활동중이다.

### 내 생애 마지막 날

**지은이** 짐 모렛
**옮긴이** 정수경
**펴낸이** 양동현
**펴낸곳** 도서출판 나들목
　　　　출판등록 제6-483호
　　　　136-034, 서울 성북구 동소문동4가 124-2
　　　　**대표전화** 02) 927-2345  **팩스** 02) 927-3199

**초판 1쇄 인쇄**  2010년 9월 1일
**초판 1쇄 발행**  2010년 9월 10일

ISBN  978-89-90517-67-8 / 03840

＊잘못 만들어진 책은 구입한 곳에서 바꾸어 드립니다.

---

The Last Day of my Life
Copyright ⓒ 2010 by Jim Moret. All rights reserved.
Original English edition published by Phoenix Books, LA.
Korean translation rights arranged with Phoenix Books, USA,
and AcademyBook Publishing Inc, Seoul through Arrowsmith Agency, Germany
and PLS Agency, Seoul.
Korean translation edition ⓒ 2010 by AcademyBook Publishing Inc, Korea.

www.nadeulmok.co.kr

헌사

사랑하는 아이들에게,
매튜, 아만다, 칼리, 너희는 내 삶의 활력소다.
케리, 언제나 사랑하오.

## 차례

도전 ······································································· 7
무엇이 잘못되었는가 ··············································· 11
우정 ······································································· 23
감사 ······································································· 40
사랑 ······································································· 45
희생 ······································································· 59
약속 ······································································· 67
용서 ······································································· 75
사과 ······································································· 85
이해 ······································································· 96
연민 ······································································· 102
끈기 ······································································· 112
음악 ······································································· 117
웃음 ······································································· 126

내 생애 마지막 날

| | |
|---|---|
| 모험 | 131 |
| 열정 | 138 |
| 소유 | 143 |
| 놀라움 | 148 |
| 경이로움 | 152 |
| 목적 | 156 |
| 유산 | 161 |
| 수용 | 168 |
| 기적 | 171 |
| 구원 | 179 |
| 24시간 체크리스트 | 185 |
| 내 생애 마지막 날 되돌아보기 | 187 |
| 내 생애 마지막 24시간 | 197 |
| 감사의 말 | 199 |

# 도전

　성인이 된 뒤로 나는 줄곧 다른 사람의 인생 이야기를 전달하는 일을 해 왔다. 이것이 나의 직업이요, 나의 열정이요, 삶의 목표였다.
　나는 25년이 넘도록 TV 프로그램에서 통해 다양한 사람들을 인터뷰해 왔다. 처음에는 LA에 위치한 KABC-TV 방송사의 리포터로 활동했고, 그 뒤에는 라디오 방송국 KCBS에서 리포터 겸 앵커로 많은 사람들과 면담했다. 그 다음에는 폭스Fox 방송에서 엔터테인먼트 쇼의 공동 진행자로 일하다가, CNN 방송의 뉴스 프로그램 공동 앵커도 맡았다. 나는 현재 전국적으로 배급되는 TV 뉴스 잡지인 《인사이드 에디션Inside Edition》의 수석 특파원으로 활동하고 있다. 저널리스트라는 직업 특성상 유명 인사, 정치인, 형사 피고인, 사건 및 사고나 천재지변의 피해자들을 만나 왔다. 이들은 모두 특이한 상황에 직면한 평범한 사람들이었다. 끔찍한 토네이도나 홍수에서 가까스로 살아남은 생존자들도 있었고, 치명적인 질병을 앓는 사람도 있었다. 다들 삶의 역경에 정면으로 대응하며 싸우고 있었다. 물론 이들 중 일부는 훗날 지병으로 인해 유명을 달리하기도 했지만, 적어도 이들은 생전에 자신들에게 주어진 혹독한 현실에 묵묵히 맞서 싸운 사람들이었다.

내가 인터뷰했던 사연 중에는 가슴이 찢어질 것처럼 슬픈 이야기도 많았다. 언젠가 텍사스 주에 사는 어떤 한 여성과 인터뷰를 한 적이 있었다. 그녀의 남편은 병든 아내를 홀로 남겨 두고 그동안 모아 두었던 돈을 전부 챙겨서, 세 자녀를 데리고 말도 없이 도망가 버렸다. 사우스 캘리포니아에서 만난 어느 가족은 20피트 가량의 진흙과 파편에 매몰된 집에서 겨우 피신한 생존자들이었다. 이들은 인터뷰에서, 사고 당시 집 주변의 산허리가 머리 위로 쏟아져 내렸다고 회상했다. 또한 나는 유타 주의 한 병원에서 비행기 충돌 사고로 심하게 부상을 당하고 공포에 떨며 누워 있던 한 여성을 만나기도 했다. 사고 당시 그녀는 남편과 함께 경비행기에 탑승했는데, 충돌 직전 남편은 아내를 보호하기 위해 비행기를 의도적으로 뒤집어서 자신의 목숨을 희생했다.

이렇게 나는 타인의 삶의 대한 질문들을 20년 넘게 해 왔다. 나는 기자로서 사람들의 이야기를 공정하고 정확히 전달해야 한다는 사명감을 갖고 있다. 무엇보다도 인터뷰 대상이 존중 받고 있다는 느낌을 가질 수 있도록 노력해 왔다.

그러던 어느 날, 나는 갑자기 그 어느 때보다도 어려운 과제에 직면하게 되었다. 바로 나 자신에 대한 질문이었다. 카메라의 전원은 나를 향해 들어와 있었고, 나는 단 하나의 가장 중요한 질문에 대답해야 했다.

**과연 나는 살기 원하는가?**

이 본질적인 질문에 대답하기에 앞서 내가 지난 25년 동안 카메라 앞에서 수많은 사람들의 인생사에 대해 물어 왔던 것처럼 나는 내 삶을 다시 되돌아보아야 했다.

나는 내 자신에게 독특한 과제를 부여해 보기로 했다. 그것은 앞으로 24시간밖에 살 수 없는 시한부 인생을 선고 받았다고 가정해 보는 것이었다. 만일 오늘이 내 생의 마지막 날이라면 나는 무엇을 할까? 이 독특한 가설적 상황에는 하루라는 시간이 주어진 것 말고는 어떤 조건도 붙지 않았다. 몸은 여전히 건강하지만 내일이면 나는 이 세상을 떠난다. 누구를 만나야 할까? 내 인생의 마지막 시간에 누구와 함께 보낼 것인가? 사죄하거나 용서를 구해야 할 사람은 없을까? 마지막 모험을 해 보는 것은 어떨까? 이런 여러 가지 질문이 내 머릿속을 맴돌았다.

질문으로 머릿속이 복잡해졌다.

이내 나는 이 이상한 가정의 한계를 깨달았다. 나는 내게 가장 중요한 사람들과, 현재 나를 행복하게 하는 것들을 찾으려고 안간힘을 쓰고 있었다. 하지만 나를 기쁘게 하는 것들을 순간적으로 떠올릴 수 없었고, 이는 진정한 만족이 아니라는 것을 깨닫게 되었다.

처음에는 이 전제가 비관적으로 비춰졌을 수도 있지만, 그 전제의 진정한 목적과 마지막 영향은 그 반대였다. 내 자신만 하더라도 이 자극적인 질문에 대해 생각하면서 긍정적인 영향을 받았다. '생애 마지막 날 나는 어떤 하루를 보낼 것인가?' 라는 질문은 자아 성찰의 계기가 되었다. 물론 이 질문의 답을 구하는 과정은 고통스럽고 힘겨웠다. 나는 해답을 구하는 과정이 얼마나 어려운 일인지를 깨닫지 못했다. 그런 상태에서 24시간이든 24년이든 내 인생의 나머지를 어떻게 살고 싶은지 결정하는 어려운 문제를 내 자신에게 제기하면서, 나의 존재에 대한 정당성을 찾기 위해 자아 탐색을 시작했다.

그런데 놀랍게도 이 어려운 질문은 나를 속박에서 벗어나게 해 주었다. 나는 겉치레에서 벗어나 인생을 살아가는 데 있어서 가장 본질적이고 꾸밈없는 질문에 도달했다. 가장 핵심적인 질문은 "인생에서 무엇이 정말로 중요한가?"라는 것이었다.

# 무엇이 잘못되었는가

많은 사람들이 나를 부러워한다. TV에 출연하여 멋진 모습을 보여 주며 유명 인사와 인터뷰를 하고 전국 각지를 돌아다니며 뉴스를 보도하니 말이다. 또한 25여 년 동안 나를 행복하게 해 주었고 앞으로도 함께할 아름다운 아내가 있으니 나는 축복 받은 인간이지 않은가. 게다가 우리 사이에는 똘똘하고 귀여운 자녀가 세 명이나 있다. 우리는 안락한 스페인 양식의 주택에서 살고 있으며, 이웃은 한결같이 상냥하고 좋은 분들이다. 집에서 얼마 떨어지지 않은 곳에는 매년 골든 글러브 시상식이 열리는 비벌리 힐튼 호텔도 있다. 그러니 다른 사람이 보면 내 삶은 아주 이상적이며, 젊었을 때부터 원하던 것은 모두 손에 얻은 행운아처럼 보일 것이다.

나의 첫 직장은 LA 방송국이었다. 캘리포니아에서 법조계에 잠시 몸을 담았다가 캘리포니아 대학UCLA에서 커뮤니케이션

학위를 받은 뒤에는 넘치는 열정으로 ABC 소유 방송국에 지원했다. 당시 그 방송국의 광고국에서 일하던 아내는 지국장에게 나를 법률부 기자로 채용해 달라고 요청했는데 그때가 1983년이었다. 당시만 해도 24시간 떠들어 대는 케이블 방송은 물론 유명 사건에 대해 미주알고주알 늘어놓는 자칭 전문가도 없었고, 'TV 변호사'는 더더욱 없었다. 오후 토크쇼에 1주일에 한 번 얼굴을 내비치는 것으로 나의 방송 경력은 시작되었다. 그 뒤에 뉴스 국장에게 찾아가 나를 일반 사건 취재 기자로 순환 배치해 달라고 요청했다.

　몇 년 뒤, 나는 ABC의 라이벌 격인 CBS LA 방송국에서 아침 뉴스의 앵커를 맡게 되었다. 그리고 3년 뒤, 폭스 방송의 연예 뉴스 방송 공동 진행자로 발탁되었다. 비록 그 프로그램은 한 시즌을 넘기지 못했지만, 전국적으로 방영되는 연예 뉴스 프로그램의 진행은 내 생애 첫 전국 규모의 방송 진행 업무였다. 그 뒤 이 경력을 바탕으로 더 많은 기회를 얻을 수 있었다.

　저널리스트로서 10년쯤 경력을 쌓아 가다 보니 CNN 방송국에서 혜성처럼 떠오르기 시작했다. 처음에는 수석 연예부 기자로 시작해서 1년 뒤에 《쇼비즈 투데이 Showbiz Today》라는 일일 연예 프로그램의 앵커를 맡았다. 그때 나는 O.J 심슨 O.J. Simspson 살인 사건을 처음부터 끝까지 다 다룬 수석 앵커로 전국적인 주목을 받기 시작했다. 나는 변호사와 기자라는 독특한 경력을 활용하여 뉴스와 연예부를 오갔다. 폭스 방송사를 떠난

2001년, 나는 《쇼비즈 투데이》에서 울프 블리처Wolf Blitzer와, CNN방송사의 주요 뉴스 방송인 《월드 투데이The World Today》에서 조이 첸Joey Chen과 함께 공동 앵커를 맡았다. 당시 연수입은 75만 달러에 육박했다.

    삶 자체도 행복했다. 내게는 아름다운 아내와 토끼처럼 귀여운 세 명의 자녀가 있다. 내 상황이 이렇다 보니 사람들은 나에 대해, 삶의 고통과 슬픔을 전혀 모르고 살아 온 사람이라고 생각할 수도 있다. 따라서 내가 생애 마지막 날 어떤 불평도 하지 않을 것이라고 단정할지도 모른다.

    모든 것이 완벽해 보이지만 내 인생에도 슬프고 고통스러운 순간들이 있었다.

    내가 지금까지 제의받은 모든 자리는 매번 이전의 자리보다 더 많은 책임감을 요구하고 수입도 더 많은 자리였다. 나는 이런 패턴이 계속 이어질 것이라고 믿어 의심치 않았다. 콧대가 높았다고 생각할 수도 있겠지만, CNN 방송사를 그만두고 몇 개월 간 쉬면서도 전 직장보다 더 많은 월급과 더 좋은 자리를 맡아 달라는 제의가 들어올 것이라고 생각했다. 하지만 내 자만심은 산산조각이 나고 말았다.

    사실 기간제 진행자 제의가 들어왔는데, 그중 몇 자리는 꽤 돈벌이가 되는 자리였다. 그러나 경력상 의미 있는 행보가 이어지지 않았고 이미지에 도움이 되지 않는 일자리만 계속되었다. 그 뒤 정규직을 얻기까지 2년 6개월이라는 시간이 걸렸다. 새 일자리를 얻기까지 괴롭고 치욕적인 나날들이 계속되었다. 이로 인해 나는 자신감을 잃었고, 재정 상태도 심각한 지경에 이르렀다.

수입은 전혀 없어도 융자금과 공과금은 줄어들지 않았다. 나는 로스앤젤레스에서 유년기를 보냈고, 아내 케리Keri는 비벌리 힐스의 고급 주택가에서 자랐다. 그렇기 때문에 나나 아내나 부모가 자식에게 해 줄 수 있는 최고의 선물은 훌륭한 교육이라는 생각을 갖고 있었다. 우리는 자녀 세 명을 모두 유치원부터 시작되는 사립학교에 보냈다. 아이들과 대화를 나눠 보면 확실히 교육의 효과를 확인할 수 있었다. 이런 노력 때문인지 아이들은 성격이 원만하고 자신감이 충만하며 경험 또한 풍부하게 갖춘 아이들로 자랐다. 하지만 교육비는 상상을 초월할 정도였고, 매달 가계 빚은 늘어만 갔다.

사랑하는 가족을 깊은 수렁에 빠뜨릴 뻔했다는 생각을 하면 지금도 아찔하다. 하지만 내게는 그 수렁에서 빠져나갈 구멍이 있었다(적어도 있다고 생각했었). 그 당시 부동산 시장 붐으로 100만 달러가 나가던 집 값은 갑자기 250만 달러로 급상승했다. 집 값 상승 덕분에 한없이 우울하던 가계 재정에 리파이낸싱(돈을 빌려서 이전 대출을 갚는 것)을 통한 대출이 가능해졌다. 나는 파산을 면하려고 계속 대출해 가며 돌려막기를 시작했다.

하지만 이 방법은 임시변통에 불구했고 결국 문제를 더 크게 만들었다.

이런 긴박한 상황에 떠밀린 나는 큰 실수를 범하고 말았다. 다른 수많은 미국인들처럼 나 역시 서브프라임 주택 담보 대출이 주는 한순간의 희열에 빠지고 만 것이다. 몇 년 동안 보장되는 주택 대출은 내가 다시 기반을 닦을 수 있을 만큼 충분한 시간을 제공해 줄 것 같았다. 아니 그럴 것이라고 굳게 믿었다. 하지만 전국의 수많은 사람들이 주택 담보 대출 때문에 살던 집을 압류 당했고, 피해자들 중에는 유명 인사들도 다수 포함되어 있었다. 주택 가치가 15만 달러든 500만 달러든 평생 동안 일해서 모은 것을 모두 잃는다는 것은 절망적인 일이다.

결국 관대하기까지 보이던 서브프라임 주택 담보 대출의 거치 기간이 지나고 상환 기간은 코앞에 다가와 있었다. 상환해야 할 금액도 매달 1만 달러에 육박했다. 설상가상으로 주택 매각도 쉽지 않았다. 주택 매매 시장이 꽁꽁 얼어붙어서, 당시 우리 집 값은 구입 당시보다 더 떨어져 있었다. 그 결과로 나는 집을 잃을 위기에 처했을 뿐 아니라, 채무불이행에 빠져 그 동안 쌓아 왔던 신용을 모조리 잃게 될 판이었다.

나는 모든 것을 잃거나, 아니면 돌려막기라는 악순환에 빠졌다는 사실을 받아들일 수가 없었다. 이런 결과는 대출 신청서에 서명했을 때부터 이미 예견된 일이지만, 당시에는 정말 이렇게 될 줄 몰랐다. 어른이 되고 나서도 내일은 고려하지 않는 어린

무엇이 잘못되었는가

아이처럼 생각하는 경우가 종종 있다. 하지만 청구서는 기한이 되면 어김없이 도착한다. 어쩌면 사람들은 나이를 먹을수록 점점 더 자기 자신을 잘 속이게 되는지도 모른다.

이 경제적 위기는 무엇보다도 시기적인 면에서 나를 더욱 큰 절망감에 빠지게 했다. 파산은 내가 쉬고 있을 때가 아니라 복귀한 지 몇 년 뒤에 발생했다. 그 당시 나는 《인사이드 에디션》이라는 연합 TV 뉴스 매거진의 수석 특파원으로 일하면서 경력을 다시 쌓아 가던 중이었다. 나는 정기적으로 게스트나 해설가로서 CNN과 폭스 방송에 출연했고, 이따금씩 MSNBC의 프로그램에도 출연했다.

당시 내 상황은 한마디로 비극적인 모순의 결정체였다. 겉으로 보기에는 아무런 문제가 없어 보였지만 실상은 문제 투성이였고, 곪아 터지기 직전이었다. 파산이라는 폭탄의 심지가 불에 타 들어가는 걸 바라보는 심정이었다. 도무지 문제를 해결할 방법이 보이질 않았다.

절망에 빠지면 정신력은 쇠약해지고 판단력도 흐려진다. 이런 상태는 또한 자기 파괴적인 생각이 스며드는 틈을 허용한다. 얼마 지나지 않아 나는 이런 부정적인 생각을 내 안에만 담아 두지 못하게 되었다. 가족들에게 사는 것보다 죽는 게 낫다는 농담을 꺼내기 시작한 것이다. 어쨌든 내 앞으로는 300만 달러의 보험이 들어 있었으니 말이다. 이런 농담은 나를 음침하고 위험한 길로 이끌었다. 걱정 때문에 수없이 밤을 지샜다. 그럴 때마다 이런 의문이 머릿속을 맴돌았다.

"죽는 게 나을까?"

잠자리에 누울 때마다 이런 암울한 생각에 사로잡혀 제대로 잠을 잘 수가 없었다. 이 증상은 마치 일과를 마치고 반드시 거쳐야 하는 끔찍한 일례 행사처럼 되어 버렸다. 그 시기에 나는 아내 옆에서 평화롭게 잠든 적이 한 번도 없었다. 아이들은 내가 옆방에서 괴로움에 몸부림치고 있는 것도 모른 채 곤히 잠이 들었다. 가끔은 가슴이 미친 듯이 뛰어서 '이게 심장 발작의 전조인가?' 하는 생각이 들 때도 있었다. 언제부턴가 나는 나의 장례식에 대해 구체적으로 상상하기 시작했다. 내 몸뚱이가 들어 있는 육중하고 어두운 관 앞에 서 있는 조문객들의 모습이 생생했다. 사람들의 울음소리가 선명하게 들리는 듯했고, 가족과 친지들 사이에 오랫동안 보지 못한 사람들의 얼굴도 보이는 것 같았다. 조문객들의 눈은 빨갛게 충혈되어 있었고, 그들은 마지막 경의를 표하기 위해 묘지 주변을 가득 메우고 있었다. 이들은 나에 대해 뭐라고 말할까? 나를 어떻게 기억할까? 내 가족과 친지가 흐느끼는 소리가 들리는 듯했다. 나와 가까운 사람들은 나의 죽음을 슬퍼했다. 모든 것이 생생하게 느껴졌다.

점점 밤이 다가오는 게 두려워졌다. 안정을 찾으려고 거실 소파에 앉아 텔레비전을 보기도 했지만 일시적인 위안에 그칠 뿐이었다. 영원히 날이 밝지 않을 것 같은 두려움에 사로잡혔다. 동이 트기 몇 시간 전부터 부엌에서 커피를 마시며 식탁에 앉아 있던 적이 한두 번이 아니었다. 악순환은 날마다 계속되었고, 오직 죽음만이 영원한 안식을 가져다 줄 것 같았다. 몇 달 동안 내 머릿속은 암울한 생각으로 가득했다. 밤마다 죽음에 대한 생각의 고리는 전날 밤에 끝맺었던 부분에서 다시 시작하여 끊임없이 이어졌다. 이는 마치 의식 흐름의 기법으로 이야기가 전개되는 죽음에 관한 영화를 보는 것 같았다. 죽음의 본질에 대해 고민할 때면 늘 뒤따르는 필연적인 질문들이 떠올랐다.

사후 세계는 존재할까?

인생의 진정한 의미는 무엇일까?

어느 날 저녁 파티에서, 나는 죽음에 대한 생각을 친구들에게 털어놓았다. 평소와 다름없이 즐거운 이야기를 꺼내려는 줄 알고 솔깃해 하던 사람들이 일제히 내 말에 귀를 기울였다. 하지만 친구들은 곧 내가 농담을 하고 있는 것이 아니라는 것을 알아차리고는 "죽을 생각을 한다고?" 하고 되물었다. 나는 "매일 밤 내가 죽으면 어떻게 될까 하고 생각해."라고 곧이곧대로 대답해 버렸다. 친구들은 심각한 내 모습에 놀란 듯했다. 분위기는 경직되었고 친구들은 무거운 주제에 불편해 하며 빨리 화제를 돌리기를 바라는 눈치였다.

죽음에 대해 끊임없는 생각은 결국 '내가 죽는다면 무슨 일이 일어날까?'라는 가정적인 질문에서, '어떻게 죽어야 할까?'

라는 좀 더 실질적인 질문으로 이어졌다. 이런 우울한 생각은 암처럼 빠르게 전이되어 어느새 나를 짓누르기 시작했다. 결국 깨어나는 순간까지 어두운 생각은 마음속에서 떠나질 않았다.

자살을 생각하고 있는 내 자신을 발견했을 때 나 역시 소스라치게 놀랐다.

지금까지도 나는 그때 그 순간을 생생히 기억한다. 당시 나는 로스앤젤레스 북부에 있는 높고 험한 협곡을 질러 인터뷰하러 가는 길이었다. 워낙 도로가 좁고 굴곡이 심해 시속 40km 이상의 속도를 내기가 어려웠다. 차로 가득한 퍼시픽 코스트 고속도로에서 얼마 되지 않은 거리에 이렇게 문명과 동떨어진 장소가 있다는 사실이 놀라울 뿐이었다. 그곳은 조용했고, 도시와 멀리 떨어져 있었으며, 말리부로 이어지는 주요 도로에서 몇 마일 정도 떨어져 있는 자연 그대로의 협곡을 내려다볼 수 있는 곳이었다. 멀리 조용하고 평화로운 바다도 한눈에 보였다. 나는 비로소 철저히 홀로 남겨진 듯한 기분이 들었다. 어릴 때부터 여기에 살았지만 이 도로의 특별한 모습을 깨달은 건 처음이었다. 벼랑 끝을 따라 가드레일이 설치되어 있지 않았고, 예상하기 어려운 굴절로 인해 불안과 공포감이 밀려 왔다. 도로에서 조금만 벗어나도 미끄러져 30m가 넘는 가파른 절벽 아래로 떨어질 것 같았다. 절벽 아래는 나무가 우거져 있었고 큰 바위와 돌도 많았다. 만약 내가 여기서 급하게 커브를 돌면 사고로 목숨을 잃을 수도 있을 것 같았다. 구름 한 점 없이 맑은 하늘과 창문으로 들어오는 따뜻한 햇살이 내게 속도를 늦추라고 말하는 듯했다. 하지만 나는 계속 빠르게 달렸고, 마음은 몹쓸 생각으로 가득했다. 일부러 핸들을 잘못 꺾어서 절벽 아래로 굴러 버리는 게 어떨까 하는 생각도 들었다. 절벽 아래로 떨어지면 추락한 지점을 찾지도 못할 정도로 산산조각이 날 게 뻔했다. 누군가 구조하러 오더라도 이미 난 돌아올 수 없는 강을 건넜을 것이다. 그러면 사고사로 처리되고 가족에게는 보험금이 지급될 것이다.

나는 순간 생애에서 가장 위험한 말을 되뇌었다. "차라리 이렇게 죽어 버리는 게 나을지도 몰라."

우울한 기분이 목숨을 끊는 충동적인 행동을 유발할 수도 있다는 걸 그때 처음 알았다.

그래서 정말 돌진했냐고? 아직 살아 있으니 그건 아니다. 하지만 그때의 기분을 떠올리면 아직도 몸서리가 처진다. 그때 비로소 우울증이 얼마나 심각한지 새삼 깨달을 수 있었다. 무언가 결단이 필요했다.

최악의 시기에 난 진실을 깨달았다.

그대의 상황은 마치 프랭크 카프라Frank Capra 감독의 유명한 영화 《멋진 인생It's a Wonderful Life》을 보는 것 같았다. 그 영화에서 지미 스튜어트Jimmy Stewart가 다리에서 뛰어내리기 직전에 수습천사가 나타나, 그가 태어나지 않았더라면 세상이 어떻게 변했을지 보여 주는 장면 말이다. 지미가 연기한 인물처럼, 나 역시 경제적인 압박감 때문에 간단하고도 중요한 삶의 즐거움을 잊고 있었던 것이다. 하지만 나의 질문은 '내가 없었다면?' 이 아니라 '살 수 있는 날이 하루밖에 남지 않았다면?' 이었다. 정말 내게 하루밖에 남아 있지 않다면 나는 어떻게 행동해야 할까? 하루를 무엇을 위해 헌신해야 할까? 가장 소중한 것은 무엇인가? 나는 기자다. 그래서 나는 이 질문의 답을 얻기 위해 내 자신의 인생을 기사로 작성해 보기로 했다.

이 자극적인 질문은 내가 어둠에서 벗어나 인생의 전환점을 맞게 해 주었다. 나는 자살을 생생하게 상상해 본 덕에 주변에 있던 삶의 미학과 가치, 사랑을 다시 발견할 수 있는 여정의 첫걸음을 뗄 수 있었다. 아내의 부드러운 입맞춤과 열한 살짜리 아들의 '사랑해요, 아빠!' 라는 달콤한 말이 떠올랐다. 큰 병고를 치르고 신장까지 이식하고 살기 위해 고군분투하는 어머니의 모습도 떠올랐다. 인생이 주는 매 순간의 진정한 가치를 새삼스럽게 느낄 수 있었다. 이 모든 건 내가 평소에 대수롭지 않게 생각하던 것들이었다. 그러나 마음속 깊이 담고 있어야 했다.

또 다시 같은 의문이 떠오르기 시작했다.

오늘이 내 생애 마지막 날이라는 사실을 안다면 어떻게 할 것인가? 하루를 어떻게 보낼 것인가? 이 질문이 단지 하루를 연명하는 것이 아니라, 최선을 다해 하루를 살아야 한다는 의미로 사용할 수 있을까? 사는 것이 죽는 것보다 낫다는 것을 깨닫게 해 줄 수 있을까?

  이 의문을 해결하기 위해서는 가장 먼저 내 인생에 진정으로 중요한 것과 의미 있는 것들이 무엇인지 알아야 했다. 그러기 위해 지금까지 쌓아 온 인간관계와 일어났던 일들을 면밀히 되돌아봐야 했다. 나는 삶을 되돌아보는 과정을 통해서 인생이란 우정과 사랑, 감사와 이해, 용서와 관용, 음악과 웃음, 희망과 속죄 등의 행위에서 비롯되는 매 순간의 경험으로 이루어졌다는 것을 깨달을 수 있었다.

  이 이야기는 자아를 찾기 위한 나 개인의 여정에 관한 것이다. 이 여정을 통해 나는 비로소 어둠에서 구원받을 수 있었다.

  나는 기자라는 직업의 특성상 어떤 이야기든 정직하게 쓰려고 한다. 지금부터 전개될 이야기는 다른 누군가의 이야기가 아니다. 바로 나의 이야기다.

# 우정

    내가 어릴 때, 부모님은 운이 좋으면 한손에 꼽을 만큼의 진정한 친구들을 얻게 될 것이라고 말씀하셨다. 어릴 적에 나는 그런 친구가 두 명이 있었기에 든든했다. 하지만 한때 최고의 친구라고 여겼던 친구들은 모두 떠나 버렸다. 그 뒤로 나는 지금까지 누구에게도 진정한 친구라고 말하는 것을 피하려고 한다. 두 친구와 함께했던 시간이 비록 얼마 되지는 않았지만, 내 가슴속에 남은 흔적은 아직도 생생하다. 나의 최고의 친구들인 스티브와 조쉬에 대해 말하자면, '베스트 프렌드'라는 호칭도 부족하다. 그 두 사람은 어린 시절은 물론 성인이 되어서까지도 내게 큰 영향을 미쳤다. 차례로 두 사람을 다 잃고 난 뒤 지금까지도 나는 인생의 공허함을 느낀다.
    진정으로 이 두 사람과 함께했던 시간과 기억은 지워지지 않는다.

우정은 자신의 삶을 나누어 좋은 것은 더 빛나게 하고
나쁜 것은 덜어 준다.

— 키케로Cicero(기원전 106~43)

## 스티브 STEVE

스티브를 처음 만난 것은 내가 아홉 살 때였다. 그해에 우리 가족은 로스앤젤레스의 북부 쪽으로 이사를 했는데, 그곳에서 처음 만난 친구가 스티브였다. 스티브의 집은 우리 집과 매우 가까웠고, 우리는 곧 친구가 되었다. 나는 겁이 많았던 반면에 스티브는 대담했다. 내가 주저하는 일도 그애는 즉시 행동으로 옮겼다. 한마디로 우리 둘은 취향이 비슷했지만 각자 삶에 대한 다른 방식을 갖고 있었다. 서로의 다른 점은 우리를 매료시켰고, 우리는 마치 음과 양이 끌리듯 처음 만났을 때부터 서로에게 강한 유대감을 느낄 수 있었다.

스티브와 나는 2년 간 두 번의 여름 내내 완공되지도 않은 새 집에서 놀며 보냈다. 우리 집 언덕 위에 있는 나무에 우리만의 요새도 지었다. 그냥 단순한 자전거 타기나 공놀이라도 스티브와 함께하면 하루하루가 모험 같았다. 우리 둘은 떼려야 뗄 수 없는 사이였고, 함께 있으면 언제나 천하무적이었다.

그렇게 2년이 흘렀다. 6학년이 된 스티브가 갑작스럽게 심한 두통을 호소하기 시작하더니 결석이 잦아졌다. 처음에는 스티브가 꾀병을 부린다고 생각했다. 하지만 이 사건을 통해 처음으로 현실은 가혹하다는 사실을 깨달았다. 얼마 뒤에 스티브의 두통이 꾀병이 아니라 뇌종양 때문이었다는 사실을 알게 되었다. 그 뒤로 나는 한동안 스티브가 꾀병을 부린다고 생각했던 것에 대해 심한 죄책감에 시달렸다. 스티브의 부모는 담당의사에게서, 수술을 하면 종양을 제거할 수 있으며, 완치 가능성이 높다는 진단을 받았다. 심각한 병을 앓는 어린아이에게 치료를 하면 완치할 수 있다는 희망을 심어 주는 것은 어쩌면 의사로서 당연한 의무일 수 있다. 병을 치료하고 완치된다는 생각 외에는 다른 어떤 상황도 상상할 수 없었다.

  다행히도 스티브는 수술을 성공적으로 마쳤지만 회복하는 데는 수개월이 걸렸다. 병원에서 공부할 수 있는 병실로 옮겨졌고, 스티브는 거기서 개인 수업을 받았다. 그의 머리에는 누구나 금방 알아볼 수 있을 만큼 큰 상처가 남았다. 귀여웠던 얼굴은 마비되어 일그러졌고 몸 한쪽도 사용할 수 없게 되었다. 나는 스티브의 일그러진 미소와 초점 없는 눈을 보고 놀랐다. 하지만 스티브의 영혼은 암을 이겨 낼 정도로 강인했고, 어떤 것도 그를 쓰러트릴 수 없었다. 나는 방과 후 많은 시간을 스티브의 침상 옆에서 보냈다. 대화를 나누고 보드 게임을 하고 TV를 보았다. 스티브는 나의 최고의 친구였고, 어떤 병도 우리 사이를 갈라놓지 못했다. 병을 계기로 우리의 우정은 더욱 굳건해졌다. 암을 이겨 낸 스티브는 전보다 훨씬 더 강해졌다. 스티브는 조금씩 천천히 회복되었고, 마침내 학교로 돌아왔다. 그리고 우리는 다른 아이들과 다름없이 지냈다.

죽음을 마주하는 것은 열한 살 아이뿐만 아니라 그 누구에게라도 힘겨운 일이다. 최선을 다해 살고자 하는 스티브의 의지는 죽음과 마주했을 때 더욱 빛났다. 스티브는 그 어떤 어려움도 이겨 낼 수 있을 정도로 강인해졌고, 무모해졌다기보다 두려울 것이 전혀 없어 보였다.

그 이후로도 우리는 십대 후반에 들어설 때까지 친하게 지냈는데, 그 즈음에 종양이 스티브의 척추에도 전이되고 말았다. 종양으로 인해 스티브의 다리는 마비되어 더 이상 걸을 수 없게 되었다. 다른 사람의 눈에는 스티브가 휠체어를 탄 불쌍한 십대 장애우처럼 보였겠지만 내게는 죽음에 맞서는 용감한 친구였다. 물론 스티브도 눈물을 흘리는 모습을 보인 적이 있기는 했다. 하지만 스티브는 내가 만난 사람 중에서 가장 강인한 사람이었다.

그의 몸은 점점 만신창이가 되어 갔지만 영혼과 자신감은 놀라울 정도로 강했다. 용기 있는 그의 모습은 장애를 가진 겉모습을 잊게 하고도 남았다. 스티브는 여자친구도 있었고, 언제나 함께 있고 싶은 유쾌한 사람이었다. 그가 내게 일그러진 얼굴 반쪽으로 미소를 보낼 때조차도 즐거웠다.

스티브는 암과 사투를 계속했다. 하지만 열아홉 살이 되던 해, 결국 세상을 떠나고 말았다. 스티브는 마지막 순간까지 희망과 의지를 잃지 않고 병마에 맞서 싸웠다. 비록 고단했던 생을 일찍이 마감했지만, 그의 삶은 그를 기억하는 모든 사람에게 인생의 진정한 의미를 일깨워 주었다. 나는 그가 나의 절친한 친구라는 것과, 내가 그런 멋진 친구 곁에서 오랜 기간 동안 함께할 수 있었다는 사실을 행운이라고 생각한다. 그래서인지 스티브가 떠났을 때 상실감은 말로 표현할 수가 없었다.

스티브가 살아 있을 때 나는 자주 그와 함께 영화를 보러 갔다. 나는 지금도 우리가 마지막으로 영화를 보러 갔던 그날을 생생히 기억한다. 스티브가 세상을 떠나기 1년 전인 1973년의 어느 날이었다. 내 69년형 카마로 트렁크에 스티브의 휠체어를 싣고 펠리니 감독의 《나는 기억한다 Amarcord》를 보러 갔다. 재미있고 감동적인 영화였지만 무엇 때문인지 영화에 집중할 수가 없었다. 마침 스티브도 영화도 별로라고 해서 우리는 영화가 끝나기 전에 자리를 뜨고 말았다. 하지만 스티브가 세상을 떠난 뒤, 그의 어머니는 스티브가 그 영화를 매우 좋아했다고 말해 주었다. 나는 그 말을 듣고 영화를 다 보지 않고 나온 것을 후회했다. 그 뒤로 영화가 끝나기 전에는 절대로 자리를 뜨지 않는다.

나중에 스티브의 누나는 이웃집 형과 사귀었고 두 사람은 마침내 결혼해서 가정을 꾸렸다. 나는 가끔씩 이 가족을 보면서 너무나 그리운 내 친구를 추억한다. 스티브의 몸은 자연으로 돌아갔지만 그의 영혼은 우리와 함께 이 세상에 남아 있다. 그는 나이도 먹지 않고, 결혼도 하지 않으며 예전 그대로의 모습으로 여전히 내 마음속에 살아 있다. 그는 내게 인생의 진정한 의미를 깨닫게 해 주었다.

"진정한 우정은 건강한 신체와 같다.
잃기 전에는 소중함을 깨달을 수 없기 때문이다."

― 찰스 칼렙 콜튼Charles Caleb Colton(1780~1832)

### 조쉬 JOSH

조쉬는 나와 대학을 함께 다닌 최고의 친구로, 스티브의 장례식 때도 내 곁을 지켜 주었다. 그는 차를 몰 수 없을 정도로 슬퍼하던 나를 장례식장까지 데려다 주었다.

조쉬와의 인연은 대학을 졸업한 뒤에도 계속되었다. 내가 아내 케리를 처음 만났을 때도 그는 내 곁에 있었다. 결혼할 때는 들러리를 서 주었고, 내 딸 칼리의 대부가 되어 주었다. 조쉬 역시 삶에 대한 열정이 남다른 친구였다. 하지만 내 아들 매튜가 태어날 무렵에는 이미 저 세상 사람이었다. 나는 조쉬를 기리기 위해 매튜의 중간 이름을 'J'로 시작하도록 지었다. 내 아들 매튜에게도 조쉬처럼 볼 한쪽에만 보조개가 있어서 매튜를 볼 때마다 조쉬가 생각난다. 만일 그가 살아 있다면 내가 매튜를 사랑하는 만큼 그도 아이를 사랑해 주었을 것이다.

사실 조쉬를 처음 만난 것은 대학교 때가 아니라 고등학교 때였다. 스티브와 친해졌던 것과 마찬가지로 조쉬를 만났을 때도 우리는 음과 양처럼 서로에게 끌렸다. 조쉬는 명석하고 차분한 반면에 나는 극도로 나대는 성격이었다. 조쉬는 내가 아는 사람 중에서 가장 똑똑했다. 시사·역사·정치·신학 분야에 대해 지적 욕구가 왕성했고, 다양한 외국어를 능수능란하게 구사했다. 그래서 나는 그가 CIA 요원이 아닐까 하고 의심해 본 적도 있다. 실제로 어느 날 조쉬는 대학을 졸업하면 CIA에서 요원으로 데려가고 싶다는 연락이 왔다고 말해 주었다. 사실 대학 때 잠시 교내 여학생들 동아리 모임에 들른 적이 있는데 어떤 낯선 사람이 뒤를 쫓아와서는 조쉬에 대해 캐물었기 때문에 나는 그 말이 진짜라고 생각할 수밖에 없었다.

그때 나에게 조쉬에 대해 물었던 사람은 스미스라는 사람이었다. 뿔테 안경에 검정색 정장을 입고 하얀 셔츠에 폭이 좁은 검정 타이를 맨, 딱히 특징을 찾아볼 수 없는 인물이었다. 스미스 씨는 국방부 신분증을 보여 주면서 날 찾기가 힘들었다고 넋두리를 했다. 그래서 나는 "저를 찾는 것 정도가 힘들면 앙골라에서 어떻게 테러범을 찾으시겠어요?"라고 농담 삼아 되받아쳤지만 그는 웃지 않았다.

조쉬는 여러 가지 특이한 병을 앓고 있었다. 이십대 후반, 조쉬는 단핵증에 걸려 병원 신세를 졌다. 그가 단핵증을 앓고 있던 몇 년 간 우리 사이는 더욱 가까워졌다. 조쉬는 병세가 회복

되지 않아 한 학기의 대부분을 학교 대신 병원에서 보내야 했다. 우리는 1점당 10센트의 카드 게임을 하면서 국제 시사, 학교, 여자에 관한 대화로 수많은 밤을 지새웠다. 가끔 돈내기 카드 게임을 하다가 내가 돈을 다 따 버리는 일도 있었다. 하지만 나는 딴 돈을 모두 싹쓸이 하진 않았다. 재미삼아 한 내기에서 딴 돈을 전부 꿀꺽 하는 것은 불공평하지 않겠는가? 그렇지만 조쉬는 많이 잃은 것이 자극이 되었는지 게임을 할 때 좀 더 신중하게 하더니 나중에는 카드 게임의 달인이 되었다.

몇 년이 더 흐르자 조쉬의 뇌하수체에 종양이 생겨 시력을 잃을 위기에 처했다. 뇌의 종양을 제거하기 위해서는 콧구멍을 통한 다소 위험한 수술을 해야 했다. 다행히도 수술 후에 조쉬는 완치되었고 건강을 되찾을 수 있었다.

하지만 그는 또 다시 어려움에 빠지고 말았다. 삼십대가 되던 해에 백혈병이 그를 덮친 것이다. 백혈병과의 사투는 수년 간 지속되었다. 백혈병 덕분에 조쉬는 목표, 꿈, 친구, 삶의 방식 등 인생의 중요한 것들을 깨닫게 되었다. 그는 수차례의 화학 치료와 방사선 치료를 받았고, 고통스러운 골수 이식 수술을 견뎌 내야 했다. 그는 하루하루를 가치 있게 생각하고 최대한 많은 날을 누리고자 했기에 병마와 적극적으로 싸웠다. 짧은 시간이었지만 일시적으로 그가 암을 이겨 낸 것처럼 보인 적도 있었다.

조쉬에 대한 소소하지만 즐거웠던 추억 하나가 떠오른다. 언젠가 조쉬와 함께 로스앤젤레스의 전통 있는 햄버거 체인점인 애플 팬Apple Pan에 간 적이 있다. 애플 팬은 히코리 버거, 수제 애플파이, 최고의 맛을 자랑하는 참치 샌드위치로 유명한 곳이었다. 식당 주변에 온통 쇼핑몰이나 콘크리트 점포들이 즐비하게 늘어선 반면에, 애플팬은 판자로 만든 캘리포니아식 방갈로 풍의 건물이었다. 그래서인지 이 식당은 주변의 건물들 사이에서 유일한 나무집으로 돋보였다. 또한 식당 내부의 분위기는 마치 요리 토크쇼 촬영장에 온 것처럼 생기가 넘쳤다. 우리는 참치 호밀 샌드위치, 감자튀김, 애플파이를 주문한 뒤 모퉁이에 앉아서 이런저런 이야기를 나누었다.

온갖 노력에도 불구하고 조쉬의 병세는 끝내 나아질 기미가 없이 악화되었다. 나는 아내와 함께 마지막 가는 길을 지켜 주기 위해 그를 찾았다. 그가 영영 떠날 때까지 나와 아내는 번갈아 병상을 지켰다. 이것이 마지막이 아니길 바랐지만 우리 모두 마음 한편으로는 곧 그와 이별할 것을 예감하고 있었다. 조쉬가 세상을 떠난 뒤 나는 다시는 어느 누구도 '베스트 프렌드'라고 부르지 않기로 다짐했다.

누구도 시간을 조작할 수 없고, 조쉬도 얼마나 오랫동안 살지 결정할 능력은 없었다. 하지만 그는 자신에게 주어진 삶을 어떻게 활용할지를 아는 친구였다. 조쉬는 전세계를 여행했다. 또한 그는 로스앤젤레스에서 잘나가는 나이트클럽을 운영하기도 했다. 클럽은 분위기가 독특했는데, 조쉬는 그 분위기를 매우 좋아했다. 그는 투병 중에도 자신의 지식과 영혼을 끊임없이 성장시켜 나갔고, 쉬지 않고 책을 읽었다. 특히 정치학과 철학에 대한 열정을 갖고 있었는데, 국내외를 막론하고 어떤 정보든 가리지 않고 습득하는 어마어마한 능력이 있었다. 그는 독실한 신자였던 아버지를 따라 신앙 또한 독실했다. 이렇게 지적이고 독실한 조쉬가 클럽을 운영하면서 인생을 즐겼다는 것이 불가사의하게 여겨지기도 한다.

  조쉬는 생애 마지막 날을 어디서 보낼지 스스로 결정했다. 그는 죽는 것은 두렵지 않지만, 우리가 너무 그리울 것 같아 싫다고 했다. 조쉬는 병원 대신 자신이 지은 사랑스런 집으로 돌아가기로 결정을 내렸다. 그만의 신성한 영역이었던 침실은 다소 컸지만 여전히 포근하고 마음의 평안을 주었다. 조쉬는 자신이 좋아하던 사물과 사랑하는 사람들에게 둘러싸여 마지막을 맞이하는 것이 소원이라고 했다. 의사와 친지들은 그가 원하는 대로 해 주기로 했다.

  아직도 조쉬의 손을 잡고 그의 손에 키스를 하며 작별 인사를 했던 때가 생생하게 떠오른다. 나는 마지막 인사로 그에게 사랑한다고 말해 주었다. 하지만 내가 굳이 말하지 않았더라도 조쉬는 이미 알고 있었을 것이다. 조쉬는 고통을 막아 주는 모르핀 투약 중에 의식을 잃었다가 깨어나기를 반복했다. 조쉬의 일부분이 세상을 떠난 듯했지만, 나는 그의 연약한 목소리와 짧은 미소를 보고 나의 작별 인사를 들었음을 알 수 있었다. 조쉬가 자신의 마지막 선택으로 인해 편안하게 생을 마감할 수 있었다는 느낌은 내 가슴에 깊이 새겨져 있다. 그는 언제나 자신이 원하던 자리에 있었다. 그리고 자신이 생애 마지막 날 있고 싶던 자리에서 생을 마감했다.

이 장을 집필하는 동안, 아내가 내가 조쉬에게 썼던 마지막 생일 카드를 가져다 주었다. 1993년 10월 31일에 쓴 카드였는데, 조쉬는 그로부터 6주 뒤에 생을 마감했다. 아내는 조쉬가 떠난 뒤 그의 침대 탁상 위에 놓여 있던 이 카드를 발견했고, 그 뒤 우리는 줄곧 이 카드를 간직해 왔다.

사랑하는 조쉬에게

생일은 과거를 되돌아보고 미래에 대해 깊이 생각해 보는 시간이라고 생각한다. 37년 전 오늘, 하나님이 너희 가족에게 축복을 주려고 너라는 큰 선물을 보내셨지. 덕분에 우리 역시 너와 함께할 수 있는 특혜를 받았어. 지금까지도 그래 왔고 앞으로도 너와의 우정은 보물처럼 우리 가슴속에 소중하게 남을 거고, 서로에 대한 믿음도 흔들리지 않을 거야. 그리고 네 강인함과 신념도 지속될 거야.

네 행동 하나하나에는 용기와 위엄이 묻어 있어. 너만큼 믿음직한 친구를 또 만나기란 정말 힘들 것 같구나.

— 케리와 짐이

우정

아내 케리는 우연히 카드를 발견했다고 말했지만, 나는 우연이라는 것을 믿지 않는다. 세상의 어떤 것도 연관이 있게 마련이고, 그 연관성을 찾는 것은 우리의 몫이라고 생각한다.

케리는 여덟 살 난 딸 아만다가 조쉬에게 쓴 글도 발견했다. 아만다는 조쉬를 삼촌처럼 여겼으니, 그가 세상을 떠났을 때 우리가 슬퍼했던 것만큼 아파했으리라. 어린 딸도 조쉬를 알고 지내는 축복을 알아본 것이다.

이 글을 조쉬 아저씨에게 바치고 싶다. 아저씨가 정말 보고 싶다. 아저씨는 서른일곱 살의 나이로 작년에 백혈병으로 돌아가셨다. 조쉬 아저씨는 아빠의 좋은 친구였고, 아저씨가 돌아가시자 아빠는 매우 슬퍼했다.

내가 아저씨에 대해 아는 거라고는 아저씨의 집이 웬만한 모텔보다 더 크고 좋다는 것이다. 조쉬 아저씨는 빡빡머리를 좋아하셨고 야구 모자를 즐겨 쓰셨다. 그래서 나도 모자 쓰는 것이 좋다(아만다는 십대가 되기 전까지 항상 야구 모자를 쓰고 다녔다).

아저씨는 내가 태어나기 전부터 우리 부모님과 매우 가까운 관계였다. 나는 조쉬 아저씨가 좋았지만 많이 뵙지는 못했다. 아저씨는 내가 여덟 살 때 집에서 돌아가셨다. 아저씨가 정말 그립다. 하늘에서 날 내려다보고 계시겠지.

나도 조쉬가 하늘에서 우리를 내려다보고 있을 거라고 생각한다. 내가 그의 생일날 써 준 카드는 내 침대 밑에 다른 소중한 물품들과 함께 보관되어 있다. 그리고 아만다의 카드는 침대 수납장 안쪽에 보이지 않게 넣어 놓았다. 이 카드들은 조쉬가 우리와 함께 있다는 사실을 느끼게 해 주는 일련의 사건 가운데 하나였다.

하늘나라로 떠나기 전에 조쉬는 내게 선물을 하나 주었다. 평소에 아끼던 오토바이용 가죽 재킷이었다. 당시에는 우리 둘 다 오토바이를 타지 않았지만, 오토바이를 타는 터프가이처럼 보이는 걸 좋아했다. 조쉬는 나보다 4인치 정도 더 키가 컸고 어깨도 떡 벌어졌기 때문에 굳이 입어 보지 않아도 그 재킷이 나한테 클 것이라는 걸 짐작할 수 있었다. 하지만 그는 내가 자신의 재킷을 갖기를 원했고, 나는 기꺼이 그의 선물을 받았다.

조쉬가 세상을 떠난 뒤 나는 재킷을 복도 벽장에 넣어 두고 찾지 않았다. 그러다가 그가 떠난 지 1년 정도 지난 어느 날 밤, 친구들과의 모임에 가기 위해 재킷을 입었다. 집을 나서면서 많은 주머니 중 한군데에 지갑을 넣었다. 그리고 무심코 다른 주머니에 손을 넣었는데 그 안에는 빳빳한 100달러짜리 새 지폐 15장이 들어 있는 게 아닌가. 우연찮게도 그날은 딸 칼리가 다니는 사립학교에서 등록금 청구서가 날아온 날이었다. 솔직히 청구서를 받아들고 어떻게 메워야 할지 몰라 당황하던 때였다. 살아 생전 조쉬는 칼리의 대부인 것을 자랑스럽게 여겼다. 나는

우정

집에 돌아오자마자 잠자고 있는 케리를 깨워 돈을 건네주었다.
나는 그 돈이 조쉬가 남긴 또 다른 선물이며, 꼭 필요할 때 쓸 수 있도록 숨겨 둔 것이라 생각했다. 재킷 주머니에서 우연히 돈을 찾아낸 걸 보면, 내가 그에게 쓴 마지막 생일 카드를 찾은 것은 놀랄 일도, 우연도 아니었던 것 같다. 우리의 우정은 영원할 것이다. 고맙다, 내 친구.

"영혼을 치유하는 데는 우정만큼 좋은 것이 없다."
— 토머스 무어Thomas Moore(1779~1852)

### 가죽 재킷

조쉬가 세상을 떠난 지 몇 년 뒤에 그렉을 만났다. 우리는 CNN 취재차 칸 영화제에 함께 참석하게 되었다. 그렉도 CNN에서 일하고 있었는데, 그는 동부에 살았고 나는 서부 출신이었다. 그렉은 뉴요커에게서만 풍겨나오는 자신감으로 똘똘 뭉쳐 있었다. 그와 만난 지 얼마 안 되어 좋은 친구가 될 수 있을 것 같다는 느낌이 들었다.

취재를 떠나는 동안 그렉은 할리 데이비슨 오토바이에 대한 애정을 여과 없이 드러냈다. 일주일 간의 취재를 마치고 돌아오는 길에 그렉의 마흔 살 생일이 다가오고 있다는 사실을 알게 되었고, 그에게 주고 싶은 선물이 떠올랐다. 나는 조쉬가 준 가죽 재킷을 포장해서 그렉에게 생일 선물로 보냈다. 그렉도 조쉬처럼 건장한 몸매를 갖고 있어서 재킷이 딱 맞을 것 같았다. 물론 그 재킷은 내게 둘도 없이 소중한 물건이었지만, 나를 위한 것은 아니었다. 나는 잠시 맡아 주는 사람에 불과했다. 조쉬가 그 재킷을 내게 준 것은 그 재킷이 내게 잘 어울려서라기보다 자신이 떠난 뒤에도 내 곁에 있어 줄 것이라는 의미였으리라. 조쉬는 재킷이 나한테 맞지 않는다는 사실을 알고 있었고, 내가 재킷 주머니 안에 있는 돈을 발견할 거란 것도 꿰뚫어 보고 있었다. 조쉬의 재킷은 내게 행운을 가져다 준 물건이었고, 나는 이와 같은 일이 나의 새로운 친구인 그렉에게도 생기기를 바라며 선물로 보냈다. 조쉬의 체취가 한 번도 만나 보지 않은 새로운 사람에게 전달되었지만 나는 조쉬가 이에 대해 서운해 하지 않을 것이란 사실을 알고 있었다.

  다행히도 그렉은 내 생각대로 재킷을 마음에 들어 했다. 그는 재킷에 깃들인 과거도 감사히 받아들였다.

  친구에게 자신의 마음을 보여 주기 위해서는 먼저 친구에 대해 확실하게 알고 그의 모든 것을 포용해야 한다. 친구에게 자신의 마음을 있는 그대로 보여 주라. 친구에 대한 자신의 생각을 표현하지 않으면 친구는 당신의 마음을 알 수 없다. 당신이 진정으로 의지할 수 있는 친구는 누구인가? 그러한 당신의 마음을 친구들도 알고 있는가? 이 질문이 나의 새로운 임무다. 지금 이 순간에도 시간은 흐르고 있다.

# 감사

> "오늘 하루 그리고 오늘 내게 주어진 축복에 대해
> 세상에 감사한다."
>
> — 클라렌스 호지스 Clarence E Hodges

우리는 세상의 크고 작은 축복을 간과하며 지나치는 경우가 많다. 나도 살아오면서 그랬던 적이 한두 번이 아니다. 특히 모든 일이 순조롭게 돌아갈 때는 그 모든 은혜로운 일들에 감사하기보다 그저 당연하게 생각하기 쉽다.

아내 케리가 세 번째 아이를 임신했을 때, 칼리와 아만다는 각각 세 살, 여섯 살이었다. 그리고 우리의 세 번째 아이는 남자아이였다.

우리는 아들에게 좋은 이름을 지어 주기 위해 온 가족이 머리를 맞대고 고민하기도 했다. 처음에는 올리버로 결정되는 듯했지만, 이내 만장일치로 다른 이름이 선정되었다. 바로 가족 이름의 앞 글자를 모두 딴 '잭Jack'이었다. 내 이름 짐Jim에서 'J'를, 아만다Amanda의 이름에서 'A'를, 칼리Carly의 이름에서 'C'를, 그리고 케리Keri의 이름에서 'K'를 따서 조합하자 잭Jack이 되었다. 우리 모두는 새로운 생명이 태어나기를 학수고대했다.

나는 케리와 함께 여러 번 산부인과를 찾았다. 임신을 확인하고 몇 주 뒤에 초음파로 아이의 모습을 처음 볼 수 있었다. 초반에는 별다른 문제가 없는 것 같았다.

케리의 양수 검사를 할 때가 되었다. 검사를 마치고 며칠 뒤, 병원에 직접 방문하여 결과를 확인하라는 안내를 받았다. 우리에게는 이미 건강한 두 아이가 있었기에 이번 분만도 당연히 별 문제 없이 이루어질 거라 생각했다. 하지만 그렇지 않았다.

케리는 직감적으로 뭔가 나쁜 소식이 있다는 것을 눈치 챘다. 산부인과 의사는 케리를 수년 간 진료해 온 의사로, 칼리와 아만다를 분만할 때도 함께했었다. 의사는 항상 따뜻하고 진심 어린 마음으로 케리를 진료해 주는 훌륭한 사람이었다.

검사 결과는 재앙과도 같았다. 아직 태어나지도 않은 아이는 복권에 당첨된 확률보다 더 낮은 유전병을 안고 있었다. 태아는 척추가 불완전하게 형성되어 나타나는 선천성 기형인 척추피열을 앓고 있었다. 이런 경우 태아의 척추 형태가 기형으로 자라나 아이는 사지마비를 안고 태어날 수밖에 없었다. 뿐만 아니

감사

라 태아는 과다한 뇌척수액으로 인해 압박이 가해져 두개골이 팽창하여 머리가 비정상적으로 커지는 뇌수종 증상을 보이기도 했다. 케리는 곧 아이를 사산하고 말았다. 이미 의사에게서 최악의 상황에 대비하라는 얘기를 들었고 이런 상황에 대해 전혀 예상을 해 보지 않은 것은 아니었지만, 그래도 케리의 사산은 청천벽력이었다. 가족 모두가 충격을 받은 가운데 누구보다도 당사자인 케리가 가장 힘들어 했다.

케리는 내 인생을 통틀어 가장 사랑스럽고 사근사근한 여성이다. 케리는 무릎이 벗겨져 아파하는 아이를 따뜻하게 안고 "괜찮아. 엄마가 낫게 해 줄게."라고 아이의 귀에 속삭이며 좀 전까지 계속되던 통증을 싹 가시게 하는 전형적인 어머니였다. 하지만 태아의 상태는 케리가 어떻게 할 수 없는 상황이었고, 그녀는 큰 상처를 입었다. 케리의 상실감과 슬픔이 너무나도 커서 한동안 가족 모두가 케리를 걱정했다. 가족 모두가 얼굴도 보지 못하고 보낸 아이를 생각하며 슬픔에 빠졌다.

몇 년이 지나자 케리는 다시 임신했고, 그 사실을 알고는 깜짝 놀랐다. 당시 칼리와 아만다는 각각 여덟 살, 열한 살이었고, 새로 생긴 아이는 이번에도 남자아이라고 했다. 하지만 기뻐할 새도 없이 과거의 공포와 악몽이 다시 한 번 재현되고 말았다.

진단을 받으러 갔을 때 담당의사는 이미 이전의 태아에게 기형이 발병한 적이 있어서 이번에도 유전적 기형이 일어날 확률이 높다고 일러 주었다. 게다가 그 당시 케리는 서른아홉 살로

노산이었기 때문에 이전 두 딸을 출산한 때와 비교하면 아이나 산모에게나 매우 위험할 수 있는 상황이었다. 케리는 두려움에 휩싸였다. 케리뿐만 아니라 우리 가족 모두 견딜 수 없을 만큼 괴로운 순간이었다.

다행히 아이가 괜찮다는 검사 결과를 수차례 받았지만, 케리는 여전히 잘못될지 모른다는 걱정에서 헤어나오지 못했다. 아내는 마치 세상 모든 것과 연을 끊은 것처럼 절친한 인물들과의 접촉을 완전히 차단하고 깊은 우울증에 빠졌다. 케리는 우울증에서 벗어나기 위한 자기 보호의 일환으로 임신 사실을 의도적으로 무시했다. 그녀는 이전에 유산했던 아픔 때문에 이번에도 아이가 혹시 잘못될 경우, 자신이 거쳐야 할 치유의 과정을 다시 밟기를 원치 않았다. 그 때문에 우리는 몇 달 동안 케리의 배가 불러온다는 것조차 말할 수 없었다. 아이에 대한 이야기는 물론 심지어 이름을 짓는 문제도 집안에서 금기 사항이 되었다. 몇 년 전 유산한 경험은 케리에게 다시 한 번 생생한 공포로 다가왔고, 같은 일이 반복될 것만 같았다.

아이의 출생 시기는 놀라웠다. 케리는 출산 예정일 2주 전에 의사를 찾아가 검진을 받았고, 의사는 10여 일 뒤에 아이가 나올 거라고 확인해 주었다. 다음 날 나는 엘비스 프레슬리 추모 20주년을 기리는 행사를 취재하기 위해 테네시 주 멤피스로 떠날 예정이었다. 그래서 출산 예정일까지는 아직 시간적인 여유가 있다고 생각해서 안심하고 있었다. 하지만 본디 일은 원하는 대로 진행되지 않는 법이다. 그날 밤, 아내와 함께 TV에서 방영되는 플리트우드 맥 콘서트를 보고 있었는데, 갑자기 아내의 몸에 출산의 징조가 나타났다. 양수가 터지더니 곧 복통을 느끼기 시작했다. 의사에게 연락하니 당장 병원으로 오라고 했다. 우리는 바로 병원으로 달려갔다.

케리는 임신 기간 중에도 고질적인 빈혈에 시달렸다. 병원에 도착해서 진통제를 맞자 혈압이 위험할 정도로 낮게 내려갔다. 잘못하면 생명이 위태로울 수 있는 상황에서 케리를 돌보는 간호사의 얼굴에 긴장하는 모습이 역력했다. 의료진이 케리의 심박수를 정상으로 돌리기 위해 안간힘을 쓰는 순간에도 두 딸은 아무것도 모른 채 할아버지 할머니와 함께 옆방에서 놀고 있었다. 케리가 그랬던 것처럼 나도 이 순간만큼은 무슨 일이 잘못될 수도 있다는 생각을 하지 않을 수 없었다. 케리의 얼굴은 두 딸을 낳을 때는 겪지 못했던 현 상황에 대한 두려움으로 가득했고, 나는 그런 케리의 손을 꽉 잡아 주는 일 말고는 할 수 있는 게 없었다. 다행스럽게도 악몽은 되풀이되지 않았다. 뱃속의 아이는 우리가 생각했던 것 이상으로 잘 견뎌 주었다. 몇 시간 같았던 몇 분이 지난 뒤, 모든 것이 정상적으로 돌아왔다. 케리의 혈압도 정상으로 되돌아왔고 모니터 속의 아이도 별 탈이 없어 보였다.

마침내 태어난 아이는 너무나 건강했다. 우리는 하나님의 선물이란 뜻으로 아들의 이름을 '매튜'라고 지었다. 매튜는 이제 열한 살이다. 지금까지도 그는 이름이 의미하는 것처럼 우리에게 하늘이 내려 준 선물이다. 케리는 매튜를 볼 때마다 탄탄한 등과 잘생긴 얼굴에 감탄하곤 한다. 나와 케리는 매일마다 사랑스러운 세 아이가 가져다 주는 축복에 대해 하늘에 감사한다. 아이들 모두 쾌활하고 건강하다. 우리는 세 아이가 건강하다는 사실을 당연하게 받아들이지 않고 항상 하늘에 감사한다.

"무언가를 잃기 전에는 그 존재를 잃을 수 있다는 생각조차 하지 못한다."

— 조니 미첼 Joni Mitchell

예전에는 생활 속에서 당연하게 여기던 것들 하나하나가 하늘이 내려 준 축복이라는 알지 못했지만, 지금은 확실히 느끼고 있다.

삶의 가치에 대한 의문이 들 때마다 내가 지금 누리고 있는 기쁨에 감사한다. 그래서 '감사해야 하는 대상'의 목록을 만들기 시작한 지도 꽤 되었다. 가족, 과거와 현재의 친구들, 건강, 내게 주어진 기회 등 내 삶 속에서 감사할 대상을 적는 것이 이제 하루의 일과가 되었다. 나의 새로운 습관에 익숙해질수록 주어진 것에 감사하기가 좀 더 쉬워졌다. 말만 하지 말고 확신을 가져라. 그리고 그 마음을 믿어라.

당신이 인생의 어느 시기에 서 있든 간에 당신의 삶에는 하늘의 축복을 받은 것이 많다. 그 축복이 사라지기 전에 인지하고 감사하라.

# 사랑

"당신에게 가장 필요한 것은 사랑이다."
— 존 레논 John Lennon(1940~1980)

사랑. 노래에서 지나치게 과대평가되고 있다고 생각하는가? 그럴지도 모른다. 반면에 일상생활에서는 지나치게 과소평가되고 있지는 않은가? 아쉽지만 또한 그렇다. 사람을 고무시키고, 편안하게 하고, 북돋워 주며, 상처를 치유할 수 있는 강력한 힘은 바로 사랑이다.

날 위해 희생하고 당신이 가지지 못했던 모든 기회의 문을 자식에게 열어 주기 위해 힘써 주신 부모님을 향한 나의 사랑에 대해 생각해 본다. 아내는 나와 함께 고난을 이겨 왔고 내가 앞으로 나아갈 수 있게 지원해 주고 격려해 주었다. 뿐만 아니라 내가 나 자신을 믿지 못할 때도 나를 믿어 주었다. 아이들은 내게 무한한 사랑을 주었고, 사랑하면 할수록 사랑할 수 있는 능력이 커진다는 사실을 깨닫게 해 주었다.

사랑 그 자체만큼 중요한 것은 사랑을 말과 행동으로 표현하는 것이다. 나는 어리석다는 소리를 들을 정도의 팔불출 '로맨틱 가이'다. 나는 언제나 누군가를 사랑하는 것 자체가 좋다고 친구에게 말한다. 나는 사려 깊고 친절하면서 간결한 행동을 보여 줌으로써 그들을 향한 내 사랑을 증명해 보이려고 한다. 시간이 오래되면 선물에 대한 기억은 사라지지만, 진정한 사랑의 흔적은 남는 법이다. 나는 부모님, 아내, 아이들과 통화사를 마치고 전화를 끊을 때 항상 "사랑해."라는 말을 덧붙인다.

"사랑하는 만큼 사랑 받는 법이다."

— 폴 매카트니 Paul McCartney

## 홀리 HOLLY

내가 아홉 살 때, 지금까지도 잊을 수 없는 헌신적이고 사랑이 넘치는 행동을 경험한 적이 있다. 당시에는 잘 이해할 수 없었지만 세월이 지나면서 그 사랑이 얼마나 위대했는지 알 수 있었다.

1966년 여름, 로스앤젤레스에 있던 우리집에서 그리 멀리 떨어져 있지 않은 곳으로 한 달 간 캠프를 갔을 때였다. 당시 어머니는 3년 전에 새아버지인 제리와 재혼한 상태였다. 엄밀히 따지자면 제리는 나의 새아버지였지만, 나는 그를 처음 보았을 때부터 '아버지'라고 불렀다.

캠프 기간 중에 어버이날이 있었는데 아버지만 캠프장을 찾았다. 아버지는 어머니가 몸이 아파 병원에 입원하는 바람에 올 수 없지만 곧 괜찮아질 거라고 나를 안심시켰다. 그는 또 캠프가 끝나고 2주 뒤면 어머니가 병원에서 집으로 돌아올 것이라고 말해 주었다. 그리고 나서 잠시 뒤에 새아버지는 내게 동생을 갖게 되면 어떨 것 같은지 물었다. 나는 잠시 생각한 뒤 남동생은 괜찮지만 여동생은 싫다고 대답했다. 나는 함께 공놀이를 하고 자전거도 함께 탈 수 있는 남동생이 있었으면 싶었다. 아홉 살이었던 당시, 나의 파라다이스에는 아직 여성이 차지할 자리가 마련되어 있지 않았다. 아버지가 내 대답을 듣고 얼마나 실망했는지도 알지 못했다. 당시 어머니는 스물여섯 살밖에 되지 않았고 새아버지와 많은 아이를 낳아 기르고 싶어 했다. 내가 캠프에 있을 동안 어머니는 섬유종 제거 수술을 받아야 했다. 크기가 사과만 한 그 섬유종은 악성은 아니었지만 제거해야 하는 것이었다. 수술 도중에 의사가 부분적으로 자궁을 절제해야 한다는 결론을 내렸다. 하지만 어머니는 수술이 끝난 뒤에야 그 사실을 알게 되었다. 회복실로 옮겨진 어머니가 마취에서 깨어날 무렵, 아버지는 어머니 곁에 앉아 수술이 잘되었으며, 아무 문제가 없을 거라고 말해 주었다. 의식을 회복하자마자 어머

사랑

니는 아버지에게 "우리 아기는 가질 수 있는 거지?"라고 물었고, 아버지는 "당연하지."라고 대답했다고 한다.

하지만 어머니는 곧 자신의 자궁 일부가 절제되었다는 사실을 알게 되었고, 엄청난 분노와 슬픔을 느꼈다. 어머니는 아버지에게 "어떻게 나한테 거짓말을 할 수 있어? 자궁을 절제했는데 어떻게 아기를 가질 수 있다는 거야?"라고 따졌다.

그러자 아버지는 "가질 수 있어. 딸도 생겼는걸." 하고 대답했다.

사실 어머니의 담당 외과의사는 어머니의 자궁 절제술을 시행하기 세 시간 전에 열다섯 살짜리 미혼모의 아기를 받았다. 이 십대 미혼모는 아기를 기를 수 없는 상황이었고, 아이가 태어나면 입양 센터에 보내야 한다는 것 외에 별다른 결정을 내리지 못하고 있었다. 어머니가 회복하는 동안 의사가 아버지에게 말했다. "두 분은 젊으니 언제든지 다른 아이를 입양하실 수 있을 거예요. 사실 오늘만 해도 부모가 원치 않는 여자아이가 태어났습니다." 이 말을 들은 아버지가 바로 물었다. "어떻게 하면 되죠?" 의사는 즉시 미혼모가 있는 병실로 가서 아이 엄마와 그녀의 가족과 이야기를 나누었다. 의사는 더 이상 자연 임신을 할 수 없는 젊은 부부가 있으며, 이들이 사랑스러운 아이를 입양하고 싶어 한다고 설명했다. 이 부부에게는 아들이 있으며, 새로 태어난 아기가 그 부부에게 입양되면 사랑이 넘치는 가정에서 살아 갈 수 있을 거라고 덧붙였다. 미혼모의 가족은 의사를 신뢰하고 있었기에 의사의 직감을 믿고 아이를 입양 보내기로 결정했다. 바로 그날, 아버지는 신생아실에 가서 창문 너머로 자신의 딸이 될 갓 태어난 여자아이를 보았다.

아버지는 다른 가족과 마찬가지로 변호사를 선임하여 적절한 수속 절차를 밟았다. 2주 뒤, 아버지는 변호사 사무실에 찾아가 담요에 싸여 새근새근 자고 있는 여자 아기를 데리고 집으로 왔다. 아기가 집에 왔을 때는 어머니가 퇴원한 지 며칠 되지 않은 시기였다. 병원에선 수술 후 회복이 더딜 거라고 말했지만 어머니는 힘을 되찾아야 할 새로운 이유가 생겼으므로 회복이 빨랐다. 어머니가 거실 병상에서 쉬고 있을 때, 아버지가 현관문을 열고 들어와 딸을 어머니에게 안겨 주었다. 그것이 어머니와 내 여동생의 첫만남이었다. 부모님은 여동생의 이름을 홀리라고 지었다.

어머니는 자궁 절제술 때문에 한 달을 병원에 머물렀고, 부모님은 생각지 않게 딸 하나를 얻었다. 그리고 우리 가족은 새 집으로 이사했다. 당시 부모님은 이십대 중반으로 상당히 젊었다.

새로운 집은 로스앤젤레스 비벌리 힐스에 있는 5만 달러 가량 하는 집으로, 한 달 융자금이 249달러였다. 당시 물가를 생각하면 상당히 큰돈이었다. 집을 지을 당시 마당에 수영장을 만들지 않기로 결정했는데, 수영장까지 있으면 한 달에 추가로 10달러가 더 들었기 때문이다. 부모님은 여동생 분만 비용으로 병원에 1,500달러를 지불했다. 물론 150,000달러를 지불했다고

사랑
49

해도 아깝게 생각하지 않았을 테지만 이 모든 비용을 지불하기 위해서 남은 예금을 모두 써야 했다. 부모님 주변에도 입양을 원하는 친구들이 있었다. 이 친구들은 입양할 아이를 찾기 위해 2년이란 세월을 기다렸지만, 신기하게도 아버지는 며칠 만에 모든 입양 절차를 마쳤다. 나는 옛날부터 운명이란 건 믿지 않았지만, 우연히 일어나는 일은 없다고 생각한다.

내가 캠프에서 돌아오자, 우리 가족은 4명이 되어 있었다. 나에게 여동생이 생긴 것이었다. 처음에는 홀리를 탐탁지 않게 여겼지만, 곧 홀리에게 마음을 빼앗겨 버렸다. 홀리를 입양한 것은 부모님이지만, 홀리를 우리 마을의 마스코트로 만든 것은 나와 내 친구들이었다. 홀리를 입양한 것은 사랑하는 마음에서 우러난 행동이었다. 그 행동 덕분에 우리 가족의 삶이 순식간에 바뀌었다. 지금은 훌쩍 커서 아이의 엄마가 된 홀리는 나에게는 여전히 어린 여동생일 뿐이다.

> "사랑하면 천국을 맛볼 수 있다."
> — 카렌 선데 Karen Sunde

## 형제애

남동생 크리스찬은 어렸을 때 자기 이름을 '치킨'으로 발음했다.

그 덕분에 남동생의 별명은 '치킨'이 되었다. 크리스찬이 어른이 된 지금도 나나 우리 아이들은 여전히 그를 '크리스', '칙' 또는 '치킨'이라고 부른다. 남동생도 이 별명을 애칭으로 당연하게 받아들인다.

크리스찬과 나는 같은 아버지의 피를 이어받았지만 각자 다른 집에서 다른 어머니와 함께 살았다. 즉 의붓형제로서 우리 몸속에는 같은 피가 흐르고 있는 것이었다. 하지만 크리스찬이 열 살이 되고 내가 열세 살이 되던 해에 어머니와 새아버지는 법적으로 나를 새아버지의 호적으로 옮겼다. 내가 새아버지의 호적으로 들어가면서 크리스찬과 나는 더 이상 친아버지에게 물려받은 성을 공유하지 않았을 뿐 아니라 법적으로도 남남이 되어 버렸다. 하지만 법을 비롯한 어떤 것도 우리가 어릴 때부터 다져 왔던 끈끈한 형제애를 갈라놓을 수는 없었다. 나는 여전히 크리스찬의 형이었다.

어떤 면에서 우리는 톰과 제리 같았다. 우리의 삶과, 삶에 대한 반응은 극과 극처럼 확연히 달랐다. 나는 어릴 적의 트라우마(정신적 상처)를 이겨 내기 위해 무의식적으로 완벽한 아이가 되려고 노력했다. 새아버지와 어머니는 지금까지도 농담 삼아 내가 뭔가 잘못을 저지르는 걸 보고 싶다고 말씀하신다. 나는 어떤 일이든 상위권에 들기 위해 노력했다. 여름방학 캠프에서 4년 연속 최고의 캠퍼 상을 받았고, 9학년 때는 재향군인회 상을 받았으며, 중학생 때는 학생회 회장으로 뽑혔다. 고등학교 때는 두 번이나 졸업반 연극제에 참여하여 스타로 떠올랐고, 학교의 대표 운동선수로도 활약했고, 학생회 활동을 활발히 하면서도 늘 항상 올 A학점을 유지했다.

하지만 크리스찬은 나와는 정반대였다. 그는 반항아였고 항상 문제를 일으켰다. 크리스찬은 십대 중반 무렵부터 술에 의존했고 어떤 마약이든 다 시도해 보려고 했다. 짜증과 폭력은 그가 마음의 상처를 잊을 수 있게 해 주는 유일한 그리고 일시적인 해결책이었다. 크리스찬의 자기 파괴적인 행동은 예상했던 것처럼 위험한 수준에 이르렀다.

그동안 우리 두 사람이 함께한 날은 얼마 되지 않지만, 그때 모든 것을 생생하게 다 기억하고 있다. 우리는 매우 달랐지만, 그렇기 때문에 더욱 서로가 필요했다. 크리스찬은 가끔 농담으로 우리 두 사람의 재능과 성격을 한데 뭉쳐 놓으면 세상을 호령할 수 있을 정도로 최고가 될 거라고 말했다. 과거를 회상해 보면, 크리스찬과 나는 독특하게도 아무런 편견 없이 서로를 이해할 수 있었던 것 같다. 자주는 아니었지만 우리는 종종 무거운 주제에 대해 대화를 나누곤 했다. 한번 대화를 시작하면 모든 감정과 지식을 동원해서 두 시간 넘게 이야기를 이어 갔고, 대화를 마치고 나면 거한 식사 뒤에 느끼는 포만감 같은 충만감을 느꼈다.

크리스찬은 이십대가 되면서 작가가 되었고 자기 내면의 분노를 전과 같이 폭력적인 행동으로 분출하는 대신 글로 표현하기 시작했다. 그는 정직하고 강렬한 글을 썼으며, 그에 합당한 경제적 보상을 받았다. 무엇보다도 크리스찬의 책과 대본은 완성도가 높았고, 누구나 공감할 수 있는 내용을 다루었다. 나는 그의 작품을 읽으며 실화와 가상 부분을 혼돈할까 봐 걱정한 적도 있었다. 크리스찬은 주로 소설을 쓰겠다고 말하곤 했다. 자신이 겪은 일을 있는 그대로 서술하면 주변 사람이 상처받을 수 있기 때문이다. 그는 소설을 쓰면서 카타르시스를 느꼈고, 이는 또한 크리스찬이 경제적인 풍족함을 누리는 데 일조했다. 크리스찬은 우울하고 기분 나쁜 인물이나 시나리오를 만들면서도, 한편으로는 우리 아버지에게 보내는 러브 레터 같은 매혹적이고 밝은 애니메이션 영화 대본도 썼다.

나는 수년 간 크리스찬의 자기 파괴적인 행동이 가져올 수 있는 최악의 사태를 걱정했다. 절친한 친구들이 세상을 떠나는 일을 많이 겪으면서, 동생까지 잃을 수 있다는 생각은 차마 할 수 없을 정도로 두려웠다. 다행히도 크리스찬은 생각지도 못한 곳에서 구원을 얻었다.

제나와 퀸은 크리스찬의 옛 친구의 아이들이었다. 그 친구는 오랫동안 사귀다 헤어진 전 여자친구로, 두 사람은 헤어진 뒤에도 절친한 친구로 지내 왔다. 여자친구는 다른 사람과 결혼하고 이혼하기 전에 두 아이를 낳았다. 그녀의 전남편은 다른 주에 살고 있었지만 깊은 애정은 그대로 남아 아이들이 별다른 거리감을 느끼지 않았다. 크리스찬은 그 아이들이 어릴 때부터 자주 봐 왔고, 다행히 전 여자친구와 그녀의 아이들은 그를 삼촌처럼 대하며 가족으로 받아들여 주었다.

크리스찬은 결혼한 적이 없고, 평생 독신으로 살 것이라고 마음먹은 지 오래였다. 그는 자신이 누군가와 함께 살기에는 너무나 예민한 사람이라는 걸 잘 알고 있었고, 자신의 독신 생활을 자랑스러워 할 정도였다. 그리고 병원에서 정확히 진단 받은 건 아니지만, 나는 크리스찬이 신경강박증을 앓고 있다고 생각한다. 동생의 집에 가면 작든 크든 모든 물건의 제 자리가 정해져 있다. 화장실 용품조차도 흐트러짐 하나 없이 배열되어 있고, 부엌 찬장에는 모든 병이 라벨이 보이는 쪽으로 나와 있으며, 그가 모아 온 어마마한 양의 책, 영화, 음악 모음집은 알파벳순으로 깔끔하게 정렬되어 있다.

하지만 내가 나의 아이들에게 자극을 받았듯이, 제나와 퀸은 크리스찬의 부성(父性)을 불러 일으켰다. 그는 넘치는 사랑과 애정으로 이 아이들과 많은 시간을 함께했다. 그는 제나와 퀸에게 책을 읽어 주고, 돌보아 주었으며, 두 아이가 자라나는 과정을 함께했다. 비록 한때 크리스찬은 혼돈에 빠져 있었지만 지금 그는 제나와 퀸의 엄마에게 무슨 일이 일어날 경우 이 아이들을 돌보아 줄 수 있는 법적 보호자의 위치에 있다. 크리스찬은 작가로서의 재능이 뛰어나지만 부모로서의 재능이 더 큰 것 같다. 남동생이 이 말을 들으면 자랑스럽게 생각하며 칭찬으로 받아들일 것이다.

제나와 퀸에 대한 크리스찬의 무한한 사랑은 자신에게도 긍정적인 영향을 주었다. 아이들에게 사랑을 베풀면서 마음의 빈자리를 채우고 자기 자신을 다독일 수 있었던 것이다. 사랑이 내면에 있던 악마를 몰아낸 것이다. 사랑의 힘이란 참으로 놀랍지 않은가. 이제 십대가 된 제나와 퀸은 앞으로도 크리스찬에게 삶의 방향을 제시해 줄 것이며, 크리스찬 역시 위압적인 방식이 아니라, 진실하고 부드러우며 포용하는 자세로 이 아이들이 가야 할 길을 인도해 줄 것이다. 아이들은 성장하면서 학업적 성취를 이루고 자신감이 넘치는 성공한 성인으로 자라날 것이고, 그런 과정을 지켜보면서 동생은 그 동안 이 아이들에게 투자한 시간과 에너지를 보상받게 될 것이다. 아이들에 대한 크리스찬의 무한한 사랑은 아이들에게 주었던 사랑보다 열 배는 더 큰 사랑으로 돌아올 것이다.

크리스찬은 자신과 두 아이들의 특별한 관계를 정확히 알고 이해해 주는 사람은 가족 가운데 나밖에 없다고 잘라 말한다. 크리스찬의 냉장고에는 제나가 다섯 살 무렵에 나와 함께 찍은 사진이 붙어 있다. 이 사진은 나와 제니가 볼링장에서 열린 생일 파티에 참석해 볼링 레인 위에서 찍은 사진이었다. 사진 속의 나는 허리를 굽히고 앉아서 제니와 볼을 맞대며 함께 웃고 있다. 당시 크리스찬이 사진을 찍고 나자, 내가 크리스찬에게 다가가더니 "크리스찬, 100% 이해했어. 이런 귀여운 아가씨한테 푹 빠지지 않는 게 이상하지." 라고 말했다고 한다.

사랑

구원은 다양한 형태로 다가오는 것 같다. 크리스찬에게 구원은 두 아이의 모습으로 찾아와 잃어버렸던 순수함과 인생의 즐거움을 다시 찾을 수 있게 해 주었다. 또한 일 말고는 어떤 것에도 관심이 없던 그에게 충족감을 느끼게 해 주었다. 두 아이에 대한 사랑 덕분에 동생이 살 수 있었던 것이다.

"사랑하는 사람이 있으면 사랑 받는 사람이 있게 마련이다."
― 윌리엄 서머셋 모옴 William Somerset Maugham(1874~1965)

### 니콜 NICOLE

우연은 없다.

내가 '사랑'이라는 장을 집필하는 동안 전화벨이 울렸다. 언제나 힘이 넘치고 긍정적인 젊은 여성이었던 니콜이 간밤에 세상을 떠났다는 소식을 알리는 전화였다. 니콜은 수년 간 뇌종양을 앓고 있었지만 완쾌한 것처럼 보이기도 했었다.
나는 CNN에서 니콜을 만났다. 니콜은 CNN의 뉴스 프로듀서로 열심히 일을 해서 반드시 성공할 사람처럼 보였다. 그녀는 경쾌하고 밝은 목소리에다 항상 웃고 다녔기 때문에 스물세 살이라는 나이보다 훨씬 어려 보였다. 니콜에게는 목소리와 미소 말고도, 다른 사람의 경계심을 일순간에 녹여 버리는 따뜻한 눈이 있었다. 청명한 파란 눈동자는 그녀의 맑은 영혼을 그대로 보여 주었다. 내 딸 아만다는 여덟 살 때 니콜을 처음 만났는데 아이는 니콜의 성품을 바로 알아차렸다. 아만다는 자신의 생일 파티에 항상 니콜을 초대했고, 니콜도 기꺼이 참석해서 즐거운 시간을 보내곤 했다. 니콜은 어린아이 같은 천진난만함을 잃지 않았다.

니콜은 뇌종양 진단을 받고 수차례 고통스러운 치료를 거친 뒤에도 현실을 있는 그대로 받아들이고 병에 대항했다. 그녀는 전국 TV 방송 두 군데에서 프로듀서로 일했고, 그 열정은 그만큼의 보답을 받았다. 애정에 넘치는 니콜의 모습을 보면 누구나 감동 받을 것이다.

니콜이 세상을 떠나기 전 며칠간 갑자기 상태가 나빠졌다. 모든 정황으로 미루어 보건대 그녀가 곧 떠날 것이 분명했다. 하지만 니콜은 마지막을 많은 이와 함께했다. 많은 사람들이 마지막이 아니기를 기도하며 희망의 끈을 놓지 않았지만 니콜은 끝내 우리 곁을 떠났다. 나는 그녀가 숨을 거두는 마지막 순간까지 미소를 머금고 있었다는 말을 들었을 때 당연히 그랬으리라 생각했다. 나는 니콜이 떠나는 자리에 함께해 주지 못한 것이, 그리고 그 자리에 있던 다른 사람들처럼 그녀가 얼마나 많은 사랑을 받는 사람인지 직접 알려 주지 못했다는 사실이 슬펐다. 그녀가 살아 있을 때 나는 그녀와 참으로 많은 이야기를 나누었다. 하지만 이제 그녀는 영영 떠나 버렸고 그녀와 대화를 나눌 기회는 영원히 사라져 버렸다.

당신은 마지막 순간에 누구와 이야기하고 싶은가? 마음속에 있는 말을 삼키지 말라. 누군가와 이야기하는 매순간이 마지막이 될 수 있다는 것을 유념하고 이번이 마지막 순간이라는 생각으로 상대방에게 자신의 마음을 말하라.

가족을 제외하고 내가 가장 소중하게 여기는 사람의 목록을 만들어 보았다. "나에게 크든 작든 긍정적인 영향을 주었지만, 내가 그들에 대해서 어떻게 생각하는지 전혀 모르는 사람이 누가 있을까?" 갑자기 누군가에게서 전화가 걸려 와 내가 중요한 사람이라는 말을 듣는다면, 또 내가 그 사람의 인생을 의미 있게 바꾸어 놓았으며, 그 사실을 내가 알아주길 원한다는 말을 듣는다면 어떨지 상상해 보았다. 정말 그런 일이 내게 일어난다면 놀랍지 않겠는가. 나는 당장 전화기를 들어 다른 사람에게 내 마음을 알려야겠다고 결심했다.

진정한 사랑은 보상을 요구하거나 기대하지 않고 무조건적으로 주고자 하는 마음이다. 진정한 사랑이란 자신의 행복보다 남의 행복을 먼저 생각하는 것이다. 사랑이 당연히 주어지는 것이라고 생각해서는 안 된다. 나도 그렇게 생각하지 않는다.

# 희생

"어떤 순간이든 우리의 이유와 기대를 희생할 수 있느냐가 중요하다."

― 찰스 뒤부아 Charles DuBois(1804~1867)

"자신에게 소중한 무엇인가를 희생한다고 해서 진정 그것을 잃는 것은 아니다. 당신은 단지 그 소중한 것을 다른 이에게 주는 것일 뿐이다."

― 미치 앨봄 Mitch Albom

### 아버지가 된다는 것

어머니가 새아버지와 재혼한 1963년에 나는 여섯 살이었다. 당시 새아버지는 스물여섯 살의 자동차 판매원이었다. 새아버지는 자동차 판매율이 다소 높은 시간대인 저녁과 주말에 일했고, 어머니는 의류 제조 공장에서 9시부터 6시까지 일했다. 새아버지가 어머니에게 청혼하는 데 내가 걸림돌이 아니었길 바랐지만, 내가 얼마나 귀여웠든 상관없이 새아버지와 나 사이에는 보이지 않는 벽이 있었다.

두 사람은 만난 지 몇 주 만에 결혼식을 올렸다. 아마도 새아버지의 가족은 이런 초고속 결혼을 충동적으로 선택한 것이라 생각했을 것이다. 두 사람은 라스베이거스 블러버드의 한 성당에서 결혼 서약을 맺었다. 결혼식은 늦은 밤에 치러졌다. 나중에 들은 얘기인데, 두 사람은 치안 판사와 그의 부인을 깨워서 결혼식을 거행했고, 그 판사의 부인과 택시 기사를 증인으로 결혼 서약을 맺었다고 한다. 최근 두 사람은 결혼 45주년을 맞이했다. 내 부모님은 첫눈에 서로에게 반했던 것이다. 첫 느낌이 적중할 때도 있는 법이다.

새아버지는 우리가 그저 재혼으로 맺어진 가족이 아니라 진정한 가족으로 거듭나려면 지금까지 이어 왔던 표면적인 관계로는 안 된다고 생각했다. 그는 평생 기억에 남는, 사랑을 기반으로 한 희생을 보여 주었다. 새아버지는 결혼과 동시에 6개월간 휴직하여 모든 여가 시간을 나와 함께 보냈다. 당시 스물여섯 살이었던 새아버지는 내가 마흔 살 중반이 되도록 깨닫지 못했던, '일보다 가족이 우선이다.'는 진리를 이미 알고 있었던 것이다. 나는 자칫하면 그 진리를 영원히 깨닫지 못할 뻔했다.

새아버지는 내 상사인 톰이 내게 가족을 위해 희생하라고 조언해 준 것처럼 자신의 일을 희생했던 것이다. 그의 헌신적인 결심 덕분에 우리는 서로를 더욱 잘 알게 되었다. 나는 그를 어머니의 새남편이 아니라 진정한 아버지로 생각하게 되었다.

나는 '의붓아버지'란 단어가 불편하게 느껴진다. 왜냐하면 아이에게 항상 친아버지보다 '못한' 아버지란 전제를 깔고 있기 때문이다. 특히 새아버지에게는 그런 느낌이 드는 호칭이 부당하다고 생각했다. 그래서 내게는 아버지가 두 분이 되었다.

새아버지와 함께 보낸 6개월은 평생의 신뢰, 사랑, 지도, 헌신을 느끼기에 충분했다. 새아버지는 단기적인 수입을 포기하고 장기적인 집안의 안정을 선택한 것이다. 내게는 참으로 값진 선물이었다.

말이 안 된다고 생각할지도 모르겠지만, 나는 희생할수록 포기한 것보다 더 많은 것을 얻게 된다고 믿는다. 당신은 힘들게 감행했던 희생으로 인해 보다 더 큰 것을 얻은 경험이 있는가? 당신의 일부나 당신이 가진 전부를 포기할 수 있을 만큼 소중히 여기는 것은 무엇인가? 지금 그 순위를 정해도 늦지 않는다.

> "남에게 자기 자신의 삶을 헌신하라. 헌신은 희생이 아니다.
> 헌신은 의미 있는 결과를 향한 끊임없는 노력으로, 기분 좋은
> 경험을 선사할 것이다."
>
> — 토마스 돌리 박사 Dr. Thomas Dooley

희생

## 가족

나는 태어나서 줄곧 로스앤젤레스에서 살아 왔다. 로스앤젤레스에서 지내는 것은 나와 내 아내에게는 매우 중요한 일이었다. 부모님은 우리 집에서 5분 거리에 살고 있기 때문에 세 아이들도 거의 매일 할아버지, 할머니와 함께 지내고 있다. 우리 부모님과 아이들에게 이만 한 선물이 또 있겠는가?

다른 회사에서 나에게 계속 관심을 가져 준 덕분에, CNN에서 이동과 해고가 제한되는 고용 계약을 맺을 수 있었다. 그래서 나는 1992년 초부터 2001년까지 CNN에서 뉴스 앵커로 일할 수 있었다. 계약 내용에 따르면, 내가 동의하지 않는 한 나를 다른 지역으로 발령할 수 없으며, 상사가 나를 해고하면 회사는 내게 계약 기간에 해당하는 임금을 모두 지불해야 했다. 계약을 하던 그 시기에 나는 3년 계약에서 2년의 기간을 남겨 두고 있었다.

1999년 11월, 방송국 임원을 만나기 위해 애틀랜타 주로 출장을 간 적이 있었다. 출장을 떠날 때만 해도 나는 내 인생에 중요한 갈림길이 기다리고 있다는 것을 전혀 알지 못했다. 임원들은 내가 10여 년 간 일해 온 로스앤젤레스 지국이 축소될 것이란 사실을 알려 주었다. 지금은 별달리 성장하지 못한 AOL과 타임워너 합병의 초기 단계였다. 이 때문에 CNN 내에 집단 해고령이 내려졌던 것이다. LA 지국은 깜짝 놀랄 만큼 축소되었다. 내가 공동 진행을 맡았던 프로그램 2개가 폐지되었다. 이런 상황에서 나는 CNN에서 계속 일하고 싶을 경우 애틀랜타 지국으로 이동해야 했다. 나는 당시 CNN 본사에서 진행하는 두 시간짜리 아침 뉴스 앵커 자리를 제안 받았다.

별다른 일이 없었다면 나는 이런 놀라운 변화에 발맞추어 갔을 것이다. 하지만 당시 나에게는 큰 문제가 있었다.

당시 결혼한 지 7년째였는데, 아내와 심하게 다투고 몇 주간 별거를 하던 중이었다. 나는 아내와의 관계에 대한 최종 결정을 내릴 때까지 집 근처에 있는 호텔에서 지냈다.

그다지 특별한 이유로 싸운 건 아니었지만 그로 인한 고통은 엄청났다. 나와 아내는 오랫동안 성공적인 결혼생활을 하면서, 각자의 시간을 갖는 경우가 점점 늘어났다. 같은 집에 살면서도 서로가 낯설게 느껴졌던 것이다. 이는 우리가 더 이상 서로를 사랑하지 않아서 그런 것이 아니라 서로에 대해 모르는 것이 많다고 느꼈기 때문이다. 나는 아내가 유산하면서 우리 사이에 틈이 생긴 게 아닌지 의구심까지 들었다. 이 당시에 아내는 힘든 일을 겪으면서 나뿐만 아니라 두 딸에게도 마음의 벽을 쌓았기 때문이다. 유산은 아내에게 큰 상처가 되었고, 나는 그녀의 행동을 충분히 이해할 수 있었다. 하지만 나도 같은 고통을 겪었고 이겨 내야 했다. 우리는 서로만을 바라보는 연인에서 아이에게 사랑을 나눠 주며 한 지붕 아래 같이 사는 부부로 변했다. 물론 서로에게 소원해진 데는 내가 당시 의기소침하고 침울했던 탓도 크다. 하지만 천만다행으로 너무 늦기 전에 내 자신이 더 이상 노력하고 있지 않다는 사실을 깨달았다. 나는 오랫동안 매일매일 내 자신을 있는 그대로 보여 주지 못했다. 처음 만나는 사람과 편안하게 할 말은 다하면서 아내와 소통하지 못하다니 참 아이러니했다.

애틀랜타 발령은 내가 염두에 두고 있던 것이 아니었다. 그 자리를 받아들였다면 나는 아마 가족의 곁을 떠나야 했을 것이다. 한 집에 같이 살지 못한다면, 아내와 아이들을 어떻게 이해할 수 있겠는가? 하지만 이 제안을 거절하는 것은 영원히 방송국을 떠나야 한다는 것을 의미했다. 직장을 잃는 것은 물론 책임감과 재정적 보상도 사라지는 것이었다.

나는 전 국장인 톰 존슨Tom Johnson과 만나기로 했다. 그는 내게 좋은 멘토이자 절친한 친구였다. 나는 그의 조언과 도움이 필요했다. 톰은 남부 출신의 신사로, 말 한 마디 한 마디에 진실이 묻어났다. 그는 뉴스가 범람하고 평가 중심적인 이 업계에서 정직과 청렴을 중시하는 사람이었다. 내 사정을 설명하자 그는 나에게 앉아서 이야기하자고 말을 건넸다. 그는 사무실 문을 닫은 뒤 솔직하면서도 강력하게 말을 이어 갔다. 톰 역시도 일을 하면서 어려운 선택을 해야 하는 경우가 있었으며, 그 선택의 결과가 몇 년이 지난 뒤에야 나타나는 경우도 있었다고 말해 주었다. 톰은 내가 내려야 할 결정이 간단하다고 말했다.

톰은 사람들이 내가 CNN이나 다른 방송국에서 여러 쇼를 진행한 것으로 내 인생을 판단하지 않으며, 내가 좋은 아버지, 남편, 친구였는지에 중점을 둔다고 말했다.

"아내와 화해할 수 있다면 당장 집에 가서 화해하도록 하게. 간단한 일이야. 자네가 발령지로 가고 싶지 않으면 2년치 월급을 받고 끝내면 되지. 자네가 원하지 않는다면 말이야."

나는 처음 이 말을 들었을 때 뺨이라도 맞은 듯 어안이 벙벙해졌다. 하지만 나는 곧 이 말이 톰이 나에게 준 사려 깊은 선물이었다는 것을 깨달았다. 톰의 충고 덕분에 나는 아내 물론 가족을 되찾을 수 있는 기회를 얻을 수 있었다.

톰은 재계약은 허용되지 않는다는 사실을 명확히 했다. 제안을 거절한 이상 CNN에서는 일을 할 수 없는 것이었다. 개인적으로 그 사실을 받아들이기 힘들었지만 어쨌든 나는 새로운 결정을 마음에 담고 집으로 돌아왔다.

이후에 나는 아내와 부부상담소를 찾았다. 상담소를 찾는 것은 어려운 일이었지만 우리의 결혼 생활을 유지하기 위해서는 반드시 거쳐야 할 일이었다. 한때 나는 상담이나 치료를 받는 것이 나약함의 징표라고 생각하던 때도 있었다. 하지만 지금은 내면에 있는 악마와 역경을 방치하지 않고 있는 그대로 맞설 수 있는 용기를 보여 주는 기회라고 생각했다. 나와 아내는 함께 상담을 받아 소원함을 없애고, 다시 예전의 관계를 회복할 수 있는지 그리고 우리가 함께 이 힘든 시간을 견디고 성숙할 수 있는지 생각해 볼 필요가 있었다. 관계를 다시 돈독하게 해 보려는 노력도 하지 않은 채, 아이들과 가족을 버리고 이혼을 선택해서 각자의 길을 걸을 수는 없었다. 상담의 효과는 놀라웠다. 나는 상담을 통해 우리의 사랑과 우리가 함께했던 그 동안의 시간들을 다시 생각해 보게 되었고 감사하는 마음을 갖게 되었다. 뿐만 아니라 서로의 존재모에 대해, 그리고 아빠와 엄마가 필요한 귀여운 세 아이들에 대해서도 감사하게 되었다.

누구나 일상을 유지하기 위해 희생을 감수해야 할 때가 있다. 나의 경우, 가족을 지키기 위해 직장을 포기해야 했다. 나의 정체성의 상당 부분은 직장에 의해 형성되어 있는데 그런 직장을 자진해서 그만둬야 했던 상황은 엄청남 상실감을 가져다 주었다. 나는 미래에 대한 두려움으로 괴로웠다. 하지만 가족과 함께하기 위해 직장을 그만두었던 것은 잘한 결정이란 사실을 알게 되었다. 당시에는 조금은 가혹한 희생이라고 생각했지만 지금 행복한 우리 가정을 보면 20년 전 직장을 포기한 것은 가치가 있었다. 나와 아내는 얼마 전에 결혼 26주년을 맞이했다. 우리 두 사람은 20년 전보다 지금이 훨씬 더 행복하다.

가족을 선택하기 위한 가치 비용으로 직장을 그만둔 것을 후회하지 않느냐고? 절대 후회하지 않는다. 사려 깊고 솔직한 조언을 준 톰에게 항상 감사하고 있다. 평생 그에 대한 고마움을 잊지 못할 것이다.

# 약속

> "우리를 행복하게 하는 사람에게 감사하는 마음을 갖자.
> 그들은 우리 영혼을 가꾸어 주는 마음의 정원사다."
>
> — 마르셀 프루스트 Marcel Proust(1871~1922)

열심히 하면 그만큼의 보상을 받는다.

나는 아내와 다시 대화를 나눌 수 있게 되었고, 서로의 말을 경청하며 이해하기 시작했다. 우리는 새로운 마음으로 서로에게는 물론 가족에게 헌신하기로 했다. 결혼 생활이 다시 화목했던 예전의 모습으로 돌아온 뒤, 나는 결혼 20주년을 맞아 아내에 대한 사랑을 대외에 알리기로 마음먹었다. 맏딸 아만다와 나는 깜짝 결혼식을 준비했다. 나는 우리 부부가 좋아하는 비벌리힐스 반도 호텔의 멋진 식당과 외부 파티오를 예약했다. 또한 비틀즈 모창 밴드(비틀즈는 내가 가장 좋아하는 가수다)를 섭외하고, 우리의 새로운 서약을 증언해 줄 50여 명의 친지를 초대했다. 나는 오랜 친구이자 유능한 웨딩 플래너인 민디에게 꽃과 음식, 사진 등 예식의 모든 것을 부탁했다. 결혼했을 당시, 나는 스물다섯 살로, 결혼식에는 거의 관여하지 않았다(케이크만 골랐다). 하지만 이번 예식을 통해 다시 한 번 의문이나 망설임 없이 케리에게 마지막까지 함께하고 싶다는 말을 해 주고 싶었다.

아만다는 이 깜작 예식을 함께 도와주며 기꺼이 공범자가 되었다. 계획은 생각보다 쉽게 진행되었다. 5성급 호텔에서 처가 식구들과의 만찬을 가질 거라고 거짓 정보를 주고 머리 손질이 필요할 것 같다며 아내와 딸들을 미용실로 보냈다. 전에도 그 식당에서 저녁식사를 한 적이 있기 때문에 아내는 그러려니 하고 미용실에 갔다. 나는 언제나 그랬듯이 저녁식사를 위해 케리에게 멋진 옷을 선물했다. 나는 종종 누구의 도움도 없이 아내에게 가방에서부터 액세서리까지 사다 주곤 했다. 이 때문에 나는 아내 친구들 사이에서 중성적이고 자상한 남편이라고 소문이 나 있었다.

다함께 레스토랑에 도착하자 매니저는 준비한 대본대로 완벽하게 연기를 시작했다. 매니저는 케리와 장인 어른 그리고 장모님께 아직 자리 준비가 덜 되었으니 조금만 기다려 달라고 했다. 매니저는 우리가 대기하는 동안 칵테일을 제공해 주겠다고 말했지만, 나는 아내에게 호텔 상점가를 구경하는 것이 어떠냐고 권유했다. 그런데 복도로 나가자 나의 절친한 친구가 한손에 선물을 들고 서 있는 게 아닌가. 잘못하면 모든 계획이 물거품이 될 수도 있는 위기의 순간이었다. 다행히도 아만다가 그를 알아보고 재빨리 뒤로 돌라는 손짓을 하자 친구가 뒤돌아섰다. 지금 생각해 보면 선물 꾸러미를 든 남자가 벽을 보고 서 있는 것은 다소 우스꽝스러운 광경이지만 아내는 그를 알아보지 못했다. 우리가 복도 끝까지 다 걸어가자, 모퉁이에서 기다리고 있던 파티 손님들이 갑자기 나타나 '놀랐지!' 하고 한목소리로 외쳤다.

나는 감격의 눈물을 흘리는 아내를 안뜰로 인도했다. 아내는 그때서야 이 모든 것이 내 계획이라는 사실을 알아차렸다. 안뜰에는 진한 녹색 포도 줄기와 연한 핑크 장미로 이루어진 아름다운 꽃길이 주례사가 있는 곳까지 이어져 있었다. 나는 재킷 주머니에서 작은 검정색 벨벳 상자를 꺼냈다. 상자 안에는 '짐과 케리의 사랑이 영원하기를' 이라고 새겨진 장식 없는 작은 반지가 들어 있었다. 아내가 손가락에 끼면 보이지 않는 글귀를 제외하고는 아무 장식이 없는 반지로, 광택이 날 수 있게 볼록 튀어나온 모양을 골랐다. 이 반지는 내가 아내에게 준 소중한 선물이었다.

나는 모든 하객이 보는 앞에서 한쪽 무릎을 꿇고 아내에게 말했다. "나와 다시 한 번 결혼해 주겠소?" 20년 전 결혼식에서는 프러포즈를 제대로 하지 못했기 때문에 하객들 앞에서 제대로 할 수 있는 기회를 갖게 된 것이 기뻤다. 아내는 말을 이을 수 없을 정도로 눈물을 쏟아 내면서도 환하게 웃으며 "네." 하고 대답했다.

예식은 간단했지만 마음의 여운은 영원했다. 내 인생에서 가장 의미 있는 밤이었다. 아내는 첫 결혼식에서도 그랬듯이 서약을 하는 동안 펑펑 울었다. 아내는 늘 감성이 풍부하고 나는 아내의 그런 면이 정말 사랑스럽다. 두 번째 결혼식의 서약은 새로운 것은 물론 그 의미가 더욱 컸다. 젊은 시절의 이상은 경험으로만 얻을 수 있는 지혜로 탈바꿈되었다. "기쁠 때나 슬플 때나"라는 주례사의 참뜻을 이제야 알 것 같았다. 주례사가 끝나고 우리는 다시 한 번 남편과 아내로 태어났다. 우리 부부에게 가장 중요한 하객들 앞에서 키스를 나누었다.

나는 이어지는 피로연 전에 간단하게 말하는 시간을 가졌다. 이 깜짝 결혼식을 계획한 이유가 나와 케리가 결혼 생활의 침체기를 잘 이겨 냈기 때문이었다고 설명했다. 결혼 70주년까지 함께할 수 있을지는 모르겠지만, 적어도 50주년까지는 끄떡없을 것이다. 나는 하객들 앞에서 다시금 케리와 부부 서약을 맺은 것이 자랑스러웠다.

환상적이고 달콤한 그날 밤을 절대 잊지 못할 것이다. 그날 밤, 우리 사랑과 결속을 지켜 본 친지들과 세 자녀도 예식에 참석해서 즐겨 주었다. '비틀즈' 모창 밴드는 세 곡을 공연했다. 하나는 비틀즈가 데뷔 초반에 부른 곡이었고, 하나는 〈고무정신Rubber Soul〉이라는 곡이었으며, 마지막 곡은 〈서전 페퍼스 론리 하츠 클럽 밴드Sgt. peppers lonley hearts club band〉였다. 나는 기타를 치면서 밴드와 함께 모든 하객들 앞에서 〈난 그녀를 사랑해요And I Love Her〉란 곡을 아내에게 바쳤다. 정말이지 완벽한 연주였다.

터무니없고 돈 낭비일 뿐이라고 생각하는가? 돈은 많이 들었다. 하지만 그만 한 가치가 있었다. 우리는 힘든 시기를 잘 이겨내고 서로를 다시 받아들였다. 재결합은 물론 힘든 일이다. 계속해서 서로가 양보하거나 변화하려고 노력하지 않고, 상대방에게만 무언가를 기대하고 바란다면 우리는 결혼 생활에 종지부를 찍었을 수도 있다. 하지만 나와 아내는 재결합을 하기 위해 사려 깊은 서약을 했고 우리는 다시 사랑에 빠졌다. 우리는 앞으로도 함께할 것이다. 서로에 대한 사랑, 그 동안 함께한 추억을 공유할 것이다. 이것들은 그 어느 것으로도 대체할 수 없다. 나는 내가 가진 거의 모든 것을 잃을 때가 되고 나서야 어떤 대가를 치러서라도 지키고 싶은 소중한 대상이 무엇인지 깨닫게 되었다.

"열정은 불처럼 타올랐다가 이내 사그라진다. 정은 눈처럼
서서히 쌓여서 오랫동안 지속된다."

—로버트 스턴버그Robert Sternberg

## 랜디 RANDY

나는 아내와 연애를 시작하고 몇 달 뒤에 처남인 랜디를 처음 만났다. 당시 랜디는 스물네 살이었다. 그는 대범한 삶을 살고 있었고, 꿈은 더욱 원대했다. 랜디는 로스앤젤레스에서 살았지만 금요일이 되면 보스턴에 살고 있는 여자친구를 만나기 위해 비행기를 타고 동부로 갔다. 랜디는 대학교를 중퇴했지만 아버지를 이어 의류업계에서 일찌감치 성공을 거두었다.

랜디가 이십대일 때, 그는 자신의 인생을 송두리째 바꾸어 놓을 여성을 만났다. 랜디는 처음 본 순간 바바라에게 강렬하게 끌렸고, 만난 지 얼마 되지 않아 청혼했다. 그리고 두 사람은 몇 달 만에 로스앤젤레스에서 간단하게 결혼식을 치렀다. 그리고 얼마 뒤, 랜디는 LA 의류 공단 지대에서 첫 회사를 개업했다. 두 사람의 미래는 밝을 것 같았다. 당시만 해도 랜디의 건강이 점점 쇠퇴하고 있다는 사실을 전혀 알지 못했기 때문이다. 얼마 전에 당시에 찍은 랜디의 사진을 발견했다. 당시 맑은 눈빛으로 환하게 웃고 있는 사진 속의 랜디의 모습은 너무나 행복하고 건강해 보여서 깜짝 놀랄 정도였다.

랜디는 자주 비틀거리고 지속적으로 피로를 느꼈는데 이는 무엇인가 잘못 되어 가고 있다는 초기 증상이었다. 이내 랜디는 순간적으로 기억을 잃고 말이 어눌해지는 등 그 증세가 생각했던 것보다 훨씬 심각했다. 수차례 검사를 마친 뒤, 의사는 랜디가 다발성 경화증의 초기 증세를 보이고 있다고 말했다. 다발성 경화증은 자기 면역 기능이 퇴화되는 병으로 별다른 치료법이 없는 불치병이다.

병이 심화되면서 랜디는 더 이상 걸을 수 없게 되었고, 작은 움직임도 어렵게 되었다. 랜디는 기력을 잃어 갔다. 초기에는 병을 고치기 위해 온 세상을 돌아다녔지만 소용없었다. 병은 그의 몸을 조금씩 잠식해 들어갔다.

결국 랜디는 몸을 가눌 수 없어 침대 생활을 하게 되었다. 집 안에서도 움직이려면 주변의 도움을 받아 전동 휠체어에 몸을 실어야 했다. 그래서 가족이 함께하는 저녁 식사에 랜디가 얼굴을 내미는 횟수가 점점 줄어들었다. 집 밖에 나가는 일은 거의 불가능했다. 간단한 운동도 버거운 일이었다.

하지만 병은 바바라를 사로잡았던 랜디의 유머 감각까지 앗아가지는 못했다. 병마와 싸우는 동안에도 랜디는 바바라를 웃음 짓게 하는 능력을 보여 주었다. 그의 유머는 바바라에게 잠깐식이나마 안정을 주었다. 두 사람은 20년 이상 결혼 생활을 유지했고 함께 딸을 키웠다. 단호하고 헌신적인 바바라는 계속 랜디 곁을 떠나지 않고 '기쁠 때나 슬플 때나 함께 한다'는 서약을 지켰다. 강한 정신력과 의지, 끊임 없는 헌신으로 바바라는 혼자서 가정을 지켰다.

오늘이 내 생애 마지막 날이라면 오늘 내게 남겨진 일을 모두 해결하기로 결심할 것이다. 해야 할 일, 지켜야 할 원칙, 약속을

약속

지켜야 할 사람의 목록을 만들면, 목록이 아무리 길어도 그 가치를 느낄 수 있을 것이다.

  혹시 당신에게 헌신을 다 해야 할 사람이나 원칙 또는 계획이 있는가? 만일 있다면 그것은 무엇인가? 다른 것들보다 그 중요한 것들을 우선으로 지킬 수 있겠는가? 원래 헌신이란 그런 것이 아닐까?

# 용서

"약한 자는 용서를 모른다. 강한 자만이 용서할 줄 안다."
— 마하트마 간디 Mahatma Gandhi(1869~1948)

나는 용서란 하나의 행위가 아니라 하나의 과정이라고 생각한다. 누군가를 용서하기 위해서는 당신에게 상처를 준 사람에 대한 원망과 분노를 없애야 한다. 무엇보다도 어떤 벌이나 보상 없이 원망과 분노를 없애야 한다는 점이 중요하다. 누군가에 사과할 때는 단지 상대를 생각하는 마음을 갖고 약간의 모욕을 감수하기만 하면 되지만, 용서는 상대를 향한 분노를 없애야 한다는 점에서 사과보다 훨씬 더 어렵다.

용서하면 자유로워질 수 있다. 분노와 원망은 자신의 영혼을 옥죄는 감정의 쇠사슬이다. 이 부정적인 감정의 쇠사슬에서 벗어나면 그 동안 간과해 왔던 즐거움을 맛볼 수 있다.

상대를 용서할 수 있을지 가늠해 보는 것은 아마도 살 날이 하루밖에 남지 않았다고 상상해 보는 것만큼이나 힘든 일이다. 가장 가깝고 친밀한 사람들에게 화 났던 일을 떠올려 보되, 비난이나 분노가 아니라 이해와 용서를 바탕으로 생각해 보라. 나는 이해와 용서를 바탕으로 생각하며 구원을 얻는다.

나의 친부모님은 십대에 결혼해서 나를 낳았다. 그리고 두 분은 내가 두 살이 되기도 전에 이혼했다. 아버지는 재혼하고 이내 이복 동생인 크리스찬이 태어났다. 그리고 몇 년 뒤에 둘째 이복 동생인 안소니도 태어났다.

힘겹게 혼자서 나를 키우던 어머니는 우리를 버리고 떠나 재혼한 아버지를 원망했다. 어머니는 우리 둘의 인생에서 아버지를 영원히 지우기 위해 모든 사진에서 아버지 부분을 가위로 잘라 내기도 하셨다. 하지만 아버지를 우리 인생에서 완전히 떼어 낼 수는 없었다.

1959년, 나의 친아버지인 제임스 대런James Darren은 《기젯Gidget》이라는 드라마를 통해 일약 대스타가 되었다. 그 덕분에 친구들은 물론 직장 동료, 가족들까지 친아버지 이름을 거론한다. 일반인들은 이혼하고 나면 다시는 서로 보지 않을 수 있지만, 이와 달리 유명 인사와 이혼하면 헤어졌다 하더라도 그 사람의 존재와 끊임 없이 맞닥뜨린다. 유명 인사는 계속 TV, 라디오, 영화에 등장하면서 계속 우리 눈에 띌 뿐더러, 많은 이의 사랑과 관심을 받는다.

나의 친부모는 사이가 좋지 않았지만, 두 사람의 불 같은 사랑이 아니었다면 나는 지금 존재하지 않았을 것이다. 결별은 두 사람에게 엄청난 상처를 안겨 주었고, 그 상처는 지금까지도 아물지 않았다. 나는 십대가 되어서도 평소에는 격주로 주말마다, 여름 방학에는 한 달 동안 친아버지를 만났다. 하지만 부모님의 관계는 회복되지 않았다.

나는 새아버지를 아버지라고 부르고, 그를 친아버지 못지않게 생각했지만, 친아버지와도 부자 관계를 지속해야 했다. 나는 새아버지와 친아버지를 둘 다 아버지라고 부른다. 가끔 아버지에 대한 이야기를 할 때 혼란을 불러일으킬 것 같으면, 나는 두 사람을 구분하기 위해 친아버지는 제임스, 의붓아버지는 제리라고 부른다. 아버지가 두 분 있다는 것은 힘든 일이다. 하지만 두 아버지 모두 내 삶의 소중한 존재다.

친아버지의 두 번째 부인인 에비는 나를 따뜻하고 애정 어리게 받아 주었다. 어머니는 내게 그냥 편하게 이름을 부르라고 했지만, 에비는 항상 나를 가족의 일원으로 대해 주었다.

친아버지의 본래 이름은 제임스 대런이 아니었다. 성인이 되어 제임스 대런으로 개명한 것이다. 어릴 때 친아버지 이름은 제임스 윌리엄 에르콜라니였다. 장남이었던 나는 아버지의 이름을 따서 제임스 윌리엄 에르콜라니 주니어란 이름을 얻었다.

친아버지, 어머니 에비, 이복 동생 크리스찬과 안소니, 모두 성이 대런이다. 당시 나는 가족 중에 본래 성이었던 에르콜라니를 여전히 갖고 있는 유일한 사람이었고, 이는 참으로 아이러니했다. 반면에 나의 어머니와 새아버지, 그리고 내 이복 여동생 홀리의 성은 모렛이었다. 사춘기를 겪으면서 나는 이에 대해 심각하게 고민했다. 단지 이름일 뿐이라고 생각할 수도 있지만 나에게는 참 중요한 일이었다.

지금 생각해 보면 웃기지만, 내 성을 결정하기 위해 어머니인 글로리아 모렛과 아버지인 제임스 대런의 공방이 이어졌다. 초등학교 5, 6학년 때, 나는 제임스 모렛이었다. 하지만 7, 8, 9학년 때는 제임스 에르콜라니 주니어가 되었다. 고등학교에 들어가서는 다시 제임스 모렛이 되었다. 중학교 때는 제임스 모렛이 존재하지 않았던 것이다.

열한 살 때, 친아버지가 'JD'라는 이니셜이 새겨진 금반지를 나에게 주었다. 하지만 어머니는 내가 그 반지를 끼고 있는 것을 보고는 반지를 빼앗아 내던져 버렸다. "대런은 그 사람의 진짜 성도 아니고, 네 성도 아니야." 어머니의 반대에 부딪친 친아버지는 반지 이니셜을 내가 태어났을 때 이름인 'JE'로 바꾸어 주었다. 하지만 어머니가 그 반지를 가져가서 제임스 모렛의 이니셜인 'JM'으로 바꾸어 버렸다. 열 받은 아버지는 또 다시 반지를 가져가 이니셜을 바꿔 버렸다. 결국 그 반지의 이니셜은 다시 한 번 'JM'으로 바뀌었지만 말이다.

결혼할 때, 나는 금은방에 가서 그 반지를 녹여 달라고 했다. 더 이상 보고 싶지 않았다. 당시를 떠올리면 지금도 머리가 아플 정도다.

## 양자

오랫동안 어머니와 친아버지는 나에 대한 방문권, 양육권, 내 성(姓) 문제를 두고 끊임없이 싸웠다. 그러다 내가 열세 살이 되는 무렵에서야 비로소 이 문제가 획기적인 방법으로 해결되었다. 바로 새아버지가 정식으로 나를 양자로 삼기로 한 것이었다. 아마도 친아버지는 이것으로 지긋지긋한 어머니와의 싸움을 끝냈다며 안도의 한숨을 내쉬었을 것이다. 내 기억으로는 그 당시 친아버지가 상당히 어려운 시기를 겪고 있었다. 출연하던 드라마 《타임 터널 The Time Tunnel》이 몇 년 앞당겨 조기 종영되면서 한동안 일이 없었다. 친아버지의 재정 관리자는 집을 팔고 임대 주택으로 옮기라고 조언했다. 하지만 친아버지가 재정적인 문제로 고통스러웠다기보다는 심정적으로 힘든 시기인 것 같았다.

양자 문제를 어떻게 합의한 건지 지금까지도 확실히 알지 못한다. 모두 자기 자신만의 생각을 통해 기억이 걸러진 탓도 있고, 아버지와 어머니가 확실히 다른 부류라는 사실도 한몫 했다. 이 결정에 대해 명확히 기억하기에는 일이 너무 빨리 진행되었다. 당시 나는 두 아버지 중 한 사람을 골라야만 하는 상황이 상당히 껄끄러웠다. 두 아버지 모두 내 삶에 중요한 인물이었다. 정말 어떤 결정도 내리기가 매우 어려운 사안이었다. 나는 이런 중요한 문제에 마지막 결정을 내려야 하는 상황에 겁을 먹었고 또 화가 났다. 내가 어릴 때부터 어머니와 친아버지는 나에 대한 양육권을 비롯한 모든 권한 문제를 두고 끊임없이 팽팽하게 싸웠다. 하지만 내가 부인하든 말든 친아버지는 나의 '아버지'였다. 그리고 새아버지 역시 내게 아버지였다. 친아버지는 낳아 주신 정으로, 새아버지는 길러 주신 정으로, 그리고 두 사람 모두 사랑으로 영원히 나와 함께 이어져 있었다. 나의 신체적인 조건은 친아버지에 물려받았지만, 나의 믿음과 가치관은 새아버지로 인해 형성되었다. 이러니 내가 어떻게 결정을 내릴 수 있었겠는가? 당시 나는 고작 열세 살이었고 내 몸의 변화를 감당하기도 버거웠다. 내 주변의 모든 것이 너무나 새로워서 혼란스러웠다. 이혼은 누구에게나 고통스러운 것이었지만, 특히 부부 중간에 낀 아이들에게는 엄청난 절망으로 다가온다. 나는 결국 양자가 되기로 선택했다.

 로스앤젤레스 가정법원 판사실에 앉아 판사가 건네준 새로운 출생증명서를 본 기억이 난다. 기억을 더듬어 보면 옛날 증명서는 없어졌고 제임스 대런이라든지 제임스 에르콜라니라는 이름은 새 증명서에서 찾아볼 수 없었다. 한때 제임스 대런으로 또 한때는 제임스 에르콜라니로서 살아 온 소년은 존재한 적도 없었던 것처럼 느껴졌다. 내 인적 사항은 법적으로도 서류상으로도 완전히 바뀌었다. 법원을 나와 길을 건너며 느꼈던 허탈한 기분이 지금까지도 생생하게 느껴진다. 비록 판사실에는 잠깐 있었지만, 판사실에 들어갔을 때와 나왔을 때의 나는 완전히 바뀌었다. 성이 바뀌어 버린 것이다. 나 자신의 일부가 영원히 말소되었다.

친아버지, 어머니 에비, 크리스찬, 안소니와의 유대감은 내 마음속에 여전히 남아 있었지만, 우리들 사이의 법적인 연결 고리는 없어졌다. 이 일은 예전에도 그랬지만 지금까지도 기억하고 싶지 않은 일 가운데 하나다. 그때 일을 떠올리면 혼란과 상실감만 느껴질 뿐이다. 이 일 때문에 나는 사랑과 인정을 받고자 하는 욕망이 커졌으며, 그 덕분에 지금의 내가 있을 수 있었다고 생각한다.

양자 동의를 한 지 한참 지난 뒤에도 내 주변 모든 사람들이 친아버지를 기억한다는 사실이 나를 더욱 힘들게 했다. 지금까지도 구글에 아버지 이름이나 내 이름을 검색하면 연관 검색어로 뜬다. 우리 두 사람은 성은 달라졌지만 핏줄로 이어져 있다. 내 삶 속에 친아버지의 영향은 피할 수 없을뿐더러 부인할 수도 없다.

내가 열두 살쯤이었던가. 새아버지에게 정식으로 입양되고 한참 뒤에 누군가가 학교 복도에서 뛰어오면서 내게 소리쳤다. "네 아버지가 돌아가셨대! 라디오에서 방금 들었어!" 하지만 알고 보니 심장병으로 죽은 사람은 내 친부인 제임스 대런이 아니라 가수인 바비 다린Bobby Darin이었다. 인터넷이 보급되지

용서

않았고, 정보도 바로바로 얻을 수 없었던 시절이라, 전화해서 제대로 된 사실을 알아낼 때까지 몇 분 동안 1분이 1시간처럼 느껴졌다. 충격으로 제정신을 차리지 못했다.

수년 간 나는 입양은 이제 너무 오래된 일이라고 내 자신을 위로하면서 그 일과 관련된 고통스러운 기억을 잊으려고 노력했고 좋은 것들만 기억하려고 했다. 그리고 친아버지와도 다시 만날 수 있게 되었다. 우리는 나의 입양에 대해서는 언급하지 않았지만, 친아버지도 나도 늘 항상 이 문제를 마음속에서 완전히 떨쳐 버릴 수 없었다. 나는 새아버지와 어머니를 사랑하는 만큼 친아버지와 아버지의 재혼 상대, 이복 동생을 지금까지 사랑하고 있다.

친아버지를 계속 사랑한다고 해서 이것이 새아버지가 나를 위해 감수한 헌신과 내게 베풀어 준 사랑에 배반하는 것은 아니다. 두 아버지는 경쟁자가 아니다. 마치 하늘이 나를 시험에 들게 하는 것인지, 두 아버지의 생일은 6월 8일로 똑같다. 두 사람은 딱 한 살 차이다. 언젠가 어머니에게 농담으로, 이력서와 생일을 검사해 보고 결혼하셨냐고 여쭤 본 적도 있다. 이는 친아버지든 새아버지든 내가 두 분 중 어느 한쪽 생일 파티에 참석하지 않으면, 참석하지 않은 쪽에서 내가 다른 쪽에 참석했다고 생각하게 된다는 뜻이기도 하다. 이 시합은 두 아버지의 생일 후 약 일주일 뒤에 있는 어버이날에도 계속되었다.

친아버지는 양자 결정에 수십 년이 지난 지금까지도 깊이 후회하고 괴로워하신다. 아버지와 아들로서의 법적 관계는 더 이상 유효하지 않지만, 우리는 혈연과 감정적인 유대감으로 이어져 있다. 나는 이 고통을 이겨 냈고 지금은 현재의 즐거움을 함께 나누는 데에만 집중하기로 마음먹었다. 친아버지와 나의 관계는 상당히 복잡하면서도 참 소중하다.

친아버지와 나는 마음을 터놓고 이야기할 때가 많다. 그럴 때면 친아버지는 양자 신청에 동의한 것이 당신 인생의 최대 실수라는 말을 계속했다. 나는 아버지를 당시에는 그럴 수밖에 없었다는 것을 이해한다. 이미 엎질러진 물은 담을 수 없는 법이다. 이럴 때는 되돌릴 수 없는 일을 후회하며 시간을 낭비하기보다 과거를 인정하고 받아들여야 한다. 과거를 받아들이는 것은 그다지 쉬운 일은 아니다. 지난 수년 간 버림받았다는 생각 속에 살았고, 또 어떻게 이런 일이 있을 수 있는지 곱씹어 생각했다. 혹시 친아버지가 나를 포기하게 마음먹게 된 건 내가 혹시 뭔가를 잘못해서는 아닌지 또는 입양을 막지 못했던 내 잘못인지 생각해 보기도 했었다. 그러다가 앞으로 나아가기 위해서는 과거를 있는 그대로 인정해야 한다는 사실을 깨달았다. 과거를 바꿀 수는 없으니 있는 그대로 받아들이기로 했다. 나는 결국 용서를 통해 평안을 되찾을 수 있었다.

친아버지의 행동만 용서한 것이 아니었다. 나는 어떤 상처도 없이 휴전으로 끝날 수도 있었던 것을 반드시 둘 중 하나만을 골라야 하는 싸움으로 번지게 한 어머니의 행동도 용서했다. 나는 어느 한쪽을 선택하지 않았다. 하지만 부모님은 내 마음을 완전히 이해하기가 어려우셨던 것 같다. 두 아버지 모두 승자도 패자도 아니다. 나는 두 분 모두 동등하게 사랑한다.

누구나 작고 큰 실수를 저지른다. 나는 아내와 가족을 잃을 뻔했던 큰 실수를 제외하고도 몇 차례 크고 작은 실수를 저질렀다. 다른 사람의 실수는 판단하기 쉬우나 그들의 실수를 비난한다고 해서 좋아지는 것은 아무것도 없다.

내 생애 마지막 날이 분노와 원망으로 가득 차 있으면 좋겠는가? 이런 부정적인 감정을 떨쳐 버리려면 지금이 제때인 것 같다.

혹시 당신이 용서할 사람이 있는가? 누구인가? 그가 당신에게 어떤 상처를 주었는가? 그 기억을 곱씹고 있어서 상처가 더 깊어지고 있지는 않은가? 원망과 고통을 계속 가지고 있으면 자신의 인생을 망치게 된다. 이런 부정적인 감정을 버리지 않고 계속 안고 있다 보면 지치기만 할 뿐이다. 같은 경우, 용서를 하고 나니 수십 년 간 묵은 체증이 쑥 내려가는 것 같은 느낌이 들었다. 원망과 분노를 놓아 주면서 어머니와 새아버지에게 죄책감이나 분노를 느끼지 않을 수 있었으며, 친아버지와도 관계를 돈독하게 할 수 있었다. 이 모두가 용서한 덕분이다.

# 사과

"자신의 감정을 내비친 것에 대해 사과하지 말라.
이는 진실에 대해 사과하는 것과 같다."

― 벤자민 디즈랠리Benjamin Disraeli(1804~1881)

사과하는 것을 자존심 문제로 생각하지 말라. 누구나 이 말에 양심이 찔릴 것이다.

누구나 그렇듯이 나 또한 바보처럼 상처 주는 말이나 행동을 한 적이 있다. 어떤 때는 그런 실수를 금방 깨닫지만, 어떤 때는 한 달이나 1년이 지나도록 깨닫지 못하는 경우도 있다. 하지만 실수를 일단 인지하면 실수를 그냥 넘어갈 것인지, 아니면 그 실수에 대해 어떤 대책을 세울지 선택해야 한다는 것을 알고 있다. 아무것도 하지 않고 그냥 넘어가는 것은 상처를 그대로 놔두는 일이라는 사실을 기억하라.

## 나의 경험

내가 공식적으로 새아버지의 양자가 되는 결정은 내가 열네 살 되는 생일에서 몇 달 전에 확정되었다. 판사의 서명 한 번으로 친아버지, 어머니 에비, 두 이복형제와의 법적인 관계는 말 그대로 '끝' 났다. 그리고 이들을 다시 만날 수 없다는 것을 암묵적으로 느꼈다. 나는 당시 동부에 살고 있던 친할아버지, 친할머니와도 연락할 수 없었다. 그러나 친아버지 가족과의 법적 분리에도 불구하고 내 친아버지는 우리 집에서 겨우 몇 마일 떨어진 곳에서 살고 있었기 때문에 나는 우리가 다시 만나게 되는 것은 시간 문제일 뿐이라고 생각했다. 그리고 그날은 1년 뒤에 다가왔다.

어느 주말, 나는 내가 아끼는 자전거를 타고 가다가 장난감 가게에서 나오는 이복 동생을 보았다. 그 장난감 가게는 크리스찬과 내가 수시로 드나들던 곳이었다. 오랜만에 보게 된 크리스찬은 어느새 열두 살이 되어 있었고, 내가 마지막으로 보았을 때보다 많이 자라서 알아보지 못할 정도였다. 그를 우연치 않게 다시 보게 된 것이 슬프면서도 한편으로는 가슴이 두근거렸다. 나는 동생을 안아 주면서 먼저 말을 건넸다. 처음에는 어색했지만 반가워서 말을 멈출 수가 없었다. 홀리를 입양하면서 새로운 가족이 탄생했지만, 내가 양자 입적되면서 다른 한 가족은 뿔뿔이 흩어지다니 인생은 정말 알 수 없다. 홀리의 입양이나 나의 입양이나 서로 비슷해 보이는 일이었지만 그 결과는 판이하게 달랐다.

크리스찬과 이야기하는 그 몇 분 동안 나는 내가 양자로 간 뒤에 얼마나 많은 변화가 있었는지를 알게 되어 깜짝 놀랐다. 내가 모르는 사이에 친아버지 가족은 이사를 했던 것이다. 여전히 같은 도시 내에서 이사를 했다고 하지만 나는 그들이 어디로 이사를 했는지 전혀 모르고 있었다. 마치 확인 사살을 당한 것 같았다. 예전에는 나도 그 가족의 일원이었는데 지금은 완전히 남이 된 것이다. 크리스찬은 내게 그와 함께 집으로 가서 친아버지와 인사하자고 했다.

그날 크리스찬을 만난 기억은 생생한데, 이상하게도 친아버지와 다시 만난 기억은 가물가물하다. 친아버지를 만나서 아무도 몰래 다시 만나자는 약속을 했던 것은 기억난다. 나는 친아버지가 법적으로는 포기한 부자 관계를 되살리기 위한 음모에 가담하게 되었다. 친아버지와의 비밀스러운 만남을 성사시키기 위해서는 다소 머리를 굴려야 했다. 나는 친아버지와 만나기 위해 알리바이를 대 줄 친구 명단을 작성했다. 새아버지와 어머니를 속이는 일은 쉬웠지만 죄책감을 떨쳐 버릴 수는 없었다. 속인다는 것 그 자체가 싫었기 때문이다.

그렇게 몇 년이 흐르자 죄책감이 감당할 수 없을 정도로 커졌

*사과*

다. 내 자신이 스스로 선택하지 않은 결정 때문에 이렇게 어머니와 새아버지를 속이고 친부와의 관계를 지속해야 하는 사실에 화가 났다. 나는 결국 어머니와 새아버지에게 모든 사실을 고백하기로 마음먹었다. 내가 친아버지와의 수년 간의 밀회를 고백했을 때 어머니가 느꼈던 배신감과 눈물 그리고 내 죄책감과 잘못된 행동에 대한 부끄러웠던 감정이 지금도 기억난다. 비록 그동안 아버지를 몰래 만나 왔다는 것은 후회스럽지 않았지만 어머니와 새아버지에게 거짓말을 했다는 사실이 너무 부끄러웠다.

이복 동생 크리스찬과 어머니가 어떻게 그토록 오랫동안 좋은 관계를 유지하고 있는지는 그저 놀라울 뿐이다. 어머니는 크리스찬을 사랑으로 대해 주었고 크리스찬도 내 어머니를 좋아했다. 크리스찬은 내 새아버지의 팬이기도 했다. 그는 또한 얼마 전에 내게 "형네 아버지는 밥 뉴하트 Bob Newhart 같아. 거대한 호수처럼 차분하면서도 깊은 마음을 가지신 분이야."라고 칭찬하기도 했다. 뿐만 아니라 크리스찬은 본능적으로 내 어머니의 헌신에 대한 나의 사랑과 공경을 이해해 주었다. 이런 공감대가 형성되면서 크리스찬과 어머니가 좋은 관계를 유지할 수 있었던 것 같다.

내 여동생 홀리와 크리스찬 또한 절친한 친구가 되었다. 나는 농담 삼아 두 사람이 사랑에 빠져 결혼하면 좋겠다고 은근슬쩍 말을 흘려 보곤 했다. 만일 두 사람이 사랑에 빠져 결혼이라도 한다면 마치 코미디 시트콤의 한 장면이 연출될 것이다. 앙숙인 친아버지와 어머니가 만나는 모습을 생각하니 웃음이 나왔다. 물론 그런 일은 일어나지 않았다.

이제 나도 세 명의 자녀를 둔 아버지가 되었는데, 유년기의 죄책감을 왜 아직도 느끼고 있는지 그 이유를 알 수가 없다. 왜 아직까지도 나는 친아버지와 어머니 생각으로 걱정하는 걸까? 아직도 내가 두 사람의 싸움 중간에 끼어들어 있는 것 같다. 이 질문들에 대한 답은 참 간단하지만 나는 그 간단한 이치를 깨닫지 못하고 있었다. 나는 다른 사람의 기분을 걱정하며 몇 년 동안 거짓말을 했던 것에 대해 다른 누군가가 아니라 내 자신에게 사과하고 내 자신을 용서해야 했다.

결국 나는 지금은 물론 그 당시에도 완벽한 사람이 되지 않아도 된다는 사실을 깨달았다. 내 자신에게 정직하기만 하면 되는 것이다.

오랜 기간 동안 나는 부모님에게 사과해야겠다는 생각을 품고 있었다. 하지만 더 이상 그런 생각을 하지 않는다. 내가 부모님을 속여야 하는 상황에 처했었다는 사실이 슬프긴 하지만, 내 마음을 따른 것에 대한 후회는 없다. 내 자신에게만 사과하면 된다.

**나는 나를 용서했다.**

사과

"사과는 가장 어려운 행위다."

― 버니 토핀Bernie Taupin

## 바베트 BABETTE

뉴스 업계는 연예계와 많은 면에서 비슷하다. 인포테이너 infotainer라고도 불리는 뉴스 업계에 종사하는 사람들은 자신의 분야에서 살아남기 위해 인기에 집착하고 시청률에 목숨을 건다. 매니저들은 리포터와 앵커들의 일을 대신하며, 그들을 대행하여 계약을 맺고 여러 직업을 알선해 준다. 우리는 매니저와 밀접한 관계를 맺고 있다. 우리에게 매니저란 일 관계 그 이상으로 고민을 상담하고 어려움을 토로할 수 있는 상대다. 때로는 절친한 친구와 같은 존재이기도 하다.

바베트와 케니는 1990년부터 내 매니저로 일했다. 두 사람은 내가 성공할 수 있도록 이끌어 주었다. 바베트와 케니가 1990년 말에 동업자 관계를 끝내고 따로 활동하게 되면서 나는 케니를 단독 매니저로 고용했다. 여전히 케니와 함께하긴 했지만 항상 나를 함께 도와주던 팀의 나머지 한 명이 떠나니 상당히 힘들었다. 바베트와 나는 계속해서 친하게 지냈으며, 바베트는 내게 케니에 대한 험담을 일체 하지 않았다. 바베트는 내가 필요할 때면 언제든지 나를 돕겠다고 말했다.

CNN을 떠나고 갈 길을 잃게 되면서 나는 케니에게 의지하기 시작했다. 정도가 너무 심했는지 케니가 없이는 아무것도 할 수 없는 정도에까지 이르렀다. 일 제의를 알리는 전화가 울릴 때까지 안절부절못하며 기다렸지만 일은 들어오지 않았다. 내가 원하는 바가 너무 컸나 보다. 내 자만이 쇠락의 요인이었다는 사실을 일찌감치 깨달았다. 내가 언제까지나 앵커로 잘나가고 누구나 나를 불러 줄 거라고 착각하고 있었던 것은 아니었을까? 확실히는 모르겠지만 내 기대가 당시 현실과는 괴리감이 있었다는 사실만은 분명했다. 거의 2년 간 수입이 없자 나는 무슨 일이라도 시작해야겠다는 생각을 갖고 매니저를 바꾸기로 어렵사리 결정했다.

케니와 헤어지고 난 뒤에 나는 의지할 수 있는 유일한 사람인 바베트에게 연락했다. 그녀는 내 장단점을 꿰뚫고 있었다. 우리는 개인적으로도 상당히 친했다. 우리 부부는 바베트의 결혼식에도 참석했고, 그녀가 첫아이를 출산했을 때 가장 먼저 축하 전화를 한 것도 나였다. 바베트는 나에 대해 잘 알았고 나를 믿어 주었다. 몇 주가 지나자 변화가 생기기 시작했다. 바베트는 내가 정규직을 찾기 전까지 일할 수 있도록 여러 단기 작업을 물어 왔다. 우리의 목표는 내 자신을 완전히 새롭게 바꾸는 것이었다.

방송계에서 2년은 엄청나게 긴 시간이다. 스포트라이트에서 벗어나 너무 오랜 시간을 허비했다. 앞으로 진보하기 위해 뒤로 한두 발자국 후퇴해야 했다. 바베트는 나에게 뉴스 프로그램인

사과

《인사이드 에디션》의 면접 기회를 잡아다 주었다. 나는 즉시 뉴욕으로 날아가 담당 프로듀서를 만났는데 그는 나를 보더니 엄청 좋아했다. 그의 첫 질문은 다음과 같았다. "전국 방송 앵커로 몇 년 간 일하셨는데, 왜 우리 방송 특파원으로 일하시려는 거죠?" 나는 새롭게 시작하기에는 이 일이 최적이라고 생각했다고 숨김없이 말했다. 그리고 그 일을 하게 되었다.

CNN에서 일할 때, 나는 O.J. 심슨 사건으로 스타 반열에 오를 수 있었다. 《인사이드 에디션》에 몸을 담은 지 몇 달 만에 기회가 다시 찾아왔다. 4개월 간 지속된 마이클 잭슨의 아동 성추행 사건이 터진 것이다. 재판장에서 카메라 사용은 금지되었지만 사건만으로 시청자를 사로잡기 충분했다. 증인 목록에는 사건을 증명하는 사람들로 가득했다.

피터는 재판의 미디어 담당자로, 재판장, TV, 라디오, 신문의 중재역 역할을 맡고 있었다. 미디어마다 사건 담당 리포터 한 명에게만 출입 허가증을 내주었으며, 출입한 리포터는 재판이 진행되는 동안 가만히 앉아 있어야 했다. 얼마 지나지 않아 피터는 내가 유일하게 매일 출근하다시피 재판장을 드나드는 캘리포니아 변호사 출신의 리포터라는 사실을 알게 되었다. 그 덕분에 기자뿐만이 아닌 변호사로서도 재판에 대해 여러 이야기를 나눌 수 있었다. 피터는 재판 중간 중간에 재판장 밖에서 질문을 받을 때 마이크 바로 앞에 내 자리를 마련해 주었다. 한마디로 피터가 나를 살렸다고 할 수 있다. 몇 주 뒤, 나는 모든 TV와 라디오 프로그램에 출연해서 이 사건의 자세한 정황을 분석해 주는 유일한 인물이 되었다. 나는 매일 간략하게 법정 전개에 대해 보도했다. 뿐만 아니라 CNN, 폭스, MSNBC에도 밤마다 게스트로 출연하게 되었다. 재판이 끝날 무렵, 나는 내 본래 위치를 되찾았다는 사실을 깨달을 수 있었다.

그리고 1년 뒤, 나는 우연히 케니를 다시 만났다. 며칠간 케니는 자신을 다시 고용해 달라고 요청했다. 하루에 2~3회씩, 수차례 전화 세례를 퍼부었다. 몇 달 간 나에게 연락하여 다시 돌아와 달라고 간청했다. 케니는 일이 아니라 '자기를 봐서' 돌아와 달라고 말했다. 이는 달콤한 아첨에 불과했다. 하지만 나는 다시 자만에 빠졌다. 케니가 내게 관심을 갖자 나는 내 중요성이 커졌다는 것을 지나치게 과신하게 되었고 내 판단은 흐려졌다. 그렇게 나는 바베트를 떠나 다시 케니에게 돌아갔다.

나는 과거에 별다른 결과를 내지 못했던 케니에게 실망했었다. 하지만 나는 이번 기회를 통해 우리 관계를 다시 되돌릴 수 있을 거라고 생각했다. 그러나 이는 잘못된 생각이었다. 우리 둘 사이에는 아직 끝나지 않은 일이 있었다. 하지만 나는 친구를 배반하는 끔찍한 일을 저질렀다. 바베트는 내가 절망에 빠져 도움을 구할 때 나에게 도움의 손길을 건네 주었다. 자신감을 잃었을 때도 그녀는 나를 믿어 주었고 내 자존심은 물론 내 경력을 되살려 주었다. 바베트는 항상 나를 옹호해 주고 내 편에

사과

서 주었다. 하지만 나는 두 번이나 바베트를 저버렸다.

　내가 떠난 뒤에도 그녀는 여전히 나에게 잘 대해 주었다. 특별한 행사가 있을 때마다 바베트와 마주치곤 했는데, 그때마다 그녀는 내 아내와 아이들의 안부를 물었고, 일이 잘 진행되고 있는지 알고 싶어 했다. 몇 달 뒤, 나는 바베트를 떠난 것을 후회하는 내용의 편지를 썼다. 나는 바라는 것 없이 그저 정직하게 사과의 마음을 편지에 모두 담았다. 나는 바베트에게 큰 상처를 안겨 주었다는 사실을 잘 알고 있었다. 그녀에게 상처를 남긴 내 잘못에 대한 후회와 반성의 마음을 표현해서 알려야 했다. 바베트는 자신의 친구와 같은 고객에게 배신 당할 이유가 없는 멋진 사람이었으니 말이다.

　편지를 쓰고 나서 바베트에게 전화를 걸었다. 바베트는 나를 이해해 주고 사과를 받아들여 주었다. 단지 내 죄책감을 없애거나 마음의 짐을 덜기 위해 사과한 것이 아니었다. 자신의 평안만을 위해 하는 사과는 진정한 사과가 아니다. 이것은 순전히 내가 상처를 입힌 바베트를 위해 우러나온 행동이었다. 이미 준 상처는 되돌릴 수 없었다. 하지만 하기 힘든 사과의 말을 그대로 잘 전달했다는 사실이 뿌듯하고 마음이 놓였다.

　바로잡을 수 없는 잘못도 있다. 하지만 사과하면 상대방의 상처를 다독여 줄 수 있다. 진정으로 후회하고 반성한다면 지금 당장 사과해도 늦지 않은 것이라고 생각한다.

　전혀 사과할 마음이 들지 않는 사람에게 거짓 사과를 하라는 것이 아니라, 마음으로 우러나는 사과를 하라는 것이다. 죄책감을 줄이기 위해서가 아니라 상대에게 입힌 상처를 다독이고 순전히 상대방을 위해서 말이다.

진부하다고? 간단하다고? 전혀 그렇지 않다.

진정한 사과는 영혼을 울린다. 나의 경우는 그러했다.

# 이해

"다른 사람에게 자극 받아 내 자신을 이해할 수 있다."
— 칼 융 Carl Jung(1875~1961)

"세상은 오해로 가득하다."
— 샤를 보들레르 Charles Baudelaire(1821~1867)

우리 부부는 내가 스물다섯 살, 아내가 스물세 살 때 약혼했다. 그때 나는 앞으로 우리 부부에게 좋은 일밖에 없을 거라고 생각했다. 꿈만 같은 나날이었다. 하지만 결혼 준비는 우리에게 엄청난 악몽으로 다가왔고 가족 내에 분란을 일으켰다.

양자 결정 이후에 오랫동안 만나지 못하다가 다시 만나게 된 친아버지와 나의 관계는 새아버지와 어머니에게는 여전히 껄끄러운 문제였다. 친아버지를 결혼식에 초대하는 일로 한바탕

소동이 일어났다. 어머니는 친아버지가 결혼식에 오면 참석하지 않겠다는 의사를 확실히 밝혔다. 반면 친아버지는 결혼식에 참석할 수 없다는 사실에 상처를 받으셨다. 그래서 나는 어머니의 반대에도 불구하고 친아버지, 아버지의 부인, 이복 동생, 삼촌과 숙모, 삼촌의 두 친구들을 하객으로 초청했다. 그때만 해도 별 탈 없이 무사히 결혼식을 마칠 수 있을 거라 생각했다. 하지만 내 생각이 틀렸다.

　결혼식 날 이른 아침에 친아버지가 굉장히 화난 목소리로 전화를 걸었다. 오늘의 주인공인 나와 아내는 오늘까지 힘들게 결혼 준비를 했는데, 이번에는 친아버지가 화난 목소리로 우리 결혼식에 참석하지 않겠다고 말씀하시는 거였다. 아버지는 결혼 진행 과정에서 한 일도 없을뿐더러 참석자 명단을 받지도 못했다는 것이다. 아버지는 어머니가 나에게 그렇게 하도록 시킨 것이며, 어머니가 아니라 자신을 대변해야 하는 것 아니냐고 언성을 높였다. 나는 아버지는 수년 전에 나를 새아버지에게 입양 보내면서 나의 대한 권리를 모두 넘겼기 때문에 결혼식에 참석해야 할 권리가 있어서 초대받는 것은 아니라는 뜻을 분명히 전했다. 나는 단지 내 친부가 내가 결혼하는 것을 지켜봤으면 했고 그래서 그를 결혼식에 초대한 것이었다. 아버지는 하객이었다. 물론 그가 내게는 매우 중요한 하객이었지만, 그렇다고 해서 결혼식장에서 가족으로서의 권리를 행사할 수는 없었다.

　하지만 혹시나 친아버지가 모습을 보이지 않을까 하고 리셉

션에서 안절부절못하며 입구 쪽을 계속 응시하던 그때가 생생히 기억난다. 친아버지는 정말 결혼식에 참석하지 않았다. 결혼식은 순조롭게 진행되었다. 들러리를 서 준 조쉬는 식장에서 내가 케리를 향해 걸어가서 그녀의 손을 잡는 데까지 동행해 주었다. 감명 깊고 즐거운 날이었지만, 아버지의 부재로 인해 살짝 마음이 상했다. 괜한 기대와 긴장감 때문에 나와 아내에게 가장 소중한 날을 망쳐 버린 것이었다. 하지만 이 일은 서막에 불과했다.

　우리는 크리스찬이 살고 있는 뉴욕으로 신혼여행을 갔다. 그리고 그곳에 살고 있던 크리스찬을 만났는데, 그는 아버지가 내게 단단히 화났으며 우리 부자 관계가 끝났다고 말해 주었다. 아버지께서 더 이상 연락하지 않을 거라고 했다는 것이었다.

　양자로 입적된 지 수십 년이 지났는데도, 나는 다시 한 번 홀로 남겨진 듯한 기분이 들었다. 아버지와 멀어졌지만 크리스찬과 나는 계속 친하게 지냈고 안소니와도 연락했다. 양자 입적으로도 단절되지 않았던 아버지와의 관계가 결혼을 통해 결별로 끝난 것이다.

　아버지와의 두 번째 화해는 몇 년 뒤에 이루어졌다. 어찌 보면 행운이었지만 대부분이 아내의 의지에 따른 화해였다고 할 수 있다. 아내는 ABC 방송국 로스앤젤레스 지부에서 광고 영업일을 하고 있었다. 아내는 어느 날 갑자기 일일 지역 토크쇼인 《AM 로스앤젤레스AM Los Angeles》에 게스트로 내 친부인 제임스 대런이 출연한다는 것을 알게 되었다. 아버지는 자신이 출연하는 ABC TV의 드라마 《TJ 후커 TJ Hooker》를 홍보하기 위해 나온 것이었다.

아내의 신중한 행동 때문에 그녀가 나약할 거라고 생각하는 사람이 많지만, 사실 그녀는 엄청나게 의지가 강한 여성이다. 내 친아버지의 거부에도 불구하고, 아내는 아버지와 내가 상처를 견딜 만큼 견뎠으니, 이제 두 사람이 만날 때가 되었다는 판단을 내렸다. 그래서 아내는 녹화실 밖에서 친아버지를 기다렸다. 아버지가 녹화실에서 나오자 다가가서, 내가 아직도 아버지를 사랑하고 있고, 아버지와의 관계를 회복하고 싶어 한다고 전했다. 또한 "손자가 생겨도 못 보게 될 텐데 괜찮으세요? 너무 늦기 전에 화해하세요."라고 덧붙였다. 아내의 말은 아버지의 마음 깊은 곳을 자극했다. 그날 밤, 아버지는 우릴 저녁 식사에 초대하셨다.

시간이 약이라는 말처럼 서로의 상처가 아물 만큼 많은 시간이 흘렀다. 처음에는 함께 있기가 불편했지만 곧 언제 그랬냐는 듯이 친밀해졌다. 우리를 갈라 놓았던 일들에 대한 별다른 언급이 없는 것이 정말 놀라웠다. 암묵적으로 그 일을 입에 담아서는 안 된다는 약속을 한 것처럼 우리는 그 주제에 대해 아무런 이야기도 하지 않았다. 아마도 드러내기에는 너무나 힘든 감정이었던 것 같다. 그래서 우리는 그 감정을 잊기로 했다. 여전히 나의 아버지였고, 나 역시 그의 아들이었다. 서로 상처를 받았지만 관계는 다시 회복되었다.

그로부터 25년이 지난 지금, 아버지가 결혼식 때 왜 그렇게 화를 냈는지, 아버지와 어머니가 왜 그렇게 사이가 좋지 않았는지 좀 더 이해할 수 있을 것 같다. 갈라진 사이를 되돌릴 수 없는 경우도 있는 것이다. 어머니는 친아버지가 나에 대한 모든 권리와 관심을 접었다고 생각했다. 그리고 이런 어머니의 생각은 양자 입적 결정으로 더욱 확실해졌다. 하지만 수년 간 이어왔던 싸움을 끝내야 했다. 왜 어머니는 계속되는 싸움으로 고통받았을까? 어머니는 친아버지가 결혼식에 하객으로 참석할 권리조차 없다고 생각한 것이다. 그 마음을 나도 이해한다. 하지만 가족이 되기 위해 양자 입적 결정이 반드시 필요한 것은 아니었다. 법으로는 아니더라도 마음으로는 이미 한가족이었으니 말이다.

반면 친아버지는 양자 입적 결정을 허락한 것을 지금까지도 후회하고 있다. 또한 이 결정이 나에 대한 사랑을 거두거나 내 삶에서 발을 빼겠다는 의미가 아니란 사실을 거듭 강조했다. 하지만 생각해 보면 아버지의 의지가 어떠했든 간에 결혼식에는 참석할 수 없었을 것이다. 친아버지의 입장에서 보면 어머니와 새아버지가 있는 예식장에 참석하는 것은 일반적인 상식을 깨는 일이었을 것이다. 뿐만 아니라 참석했다 하더라도 다른 사람의 시선이 모욕적으로 느껴졌을 수도 있다. 하지만 누구의 시선도 신경 쓸 필요는 없다. 이미 나는 새아버지의 양자가 되었고 과거의 일로 아버지를 비판한다고 해서 이미 일어난 일이 되돌려지는 것도 아니다. 우리는 인생을 살아가면서 앞으로 전진을 하든지 아니면 과거에 연연하여 쇠퇴하든지 둘 중 하나를 선택해야 한다. 사실 지금까지도 친아버지는 나를 빼앗겼다고 생각하신다. 아버지의 생각에 동의하지는 않지지만, 나는 그의 심정을 충분히 이해한다.

　나는 친아버지와 어머니 둘 중 어느 한쪽이 이기길 바라지도 않고 어느 한쪽 편을 들 생각도 없다. 어느 한쪽 편을 드는 것은 항상 역효과를 내게 마련이고 이는 고통스러운 일이다. 그래서 내가 항상 져 준다. 그 대신 나는 긍정적으로 바라보려고 노력한다. 나는 어머니와 새아버지 그리고 친아버지가 있어서 행복하다. 또한 항상 내 편을 들어 주고 친자식처럼 사랑해 주는 장인, 장모님이 있어 행복하다. 나는 축복 받은 삶을 살고 있다. 이런 하늘의 선물을 받은 내가 세상에 불만을 가질 수 있겠는가?

　우리는 바로 지금 상대를 이해한다는 것을 표현해야 할 때다. 다툼은 독으로 변해 쓰라린 상처를 남긴다. 진정한 이해는 그 상처를 씻어 준다. 끊임없이 노력하고 자존심을 접고 자신의 감정이 모든 것이 아니라는 사실을 깨달아야 한다. 자신이 아닌 다른 사람의 입장을 생각해 보면 더 많은 것을 얻을 수 있다.

이해

# 연민

"인생의 여러 척도에는 어린아이에게 부드럽게 대하는 행동, 노인을 공경하는 태도, 가난한 자에 대한 동정, 약자와 강자에 대한 관대함 등이 있다. 자기 자신도 인생을 살면서 한 번쯤 그런 입장을 겪게 될 것이기 때문이다."

― 조지 카버 George Washington Carver(1864~1943)

연민이란 다른 사람을 이해하고 다른 사람을 위해 슬퍼하며 그 고통에서 빨리 벗어나길 바라는 마음을 갖는 것이다.

지역 및 전국 담당 기자였던 나는 전역을 돌아다니며 희망을 송두리째 빼앗겨 버린 많은 사람들을 만나고 인터뷰했다. 그중에는 절대로 극복할 수 없을 것 같은 어려움을 겪고 있는 사람들도 있었다. 하지만 이들은 비극과 불가능을 이겨 내고 승리를 거두려는 마음가짐을 갖고 있다는 공통점이 있었다. 이런 마음가짐을 가졌기 때문에 나는 그들이 지금은 더욱 나은 삶을 살고 있을 거라고 확신한다.

아무리 객관적인 관점을 가지려고 노력해도 어떤 상황이나 사람들이 심금을 울리는 경우가 종종 있다. 특히 민감한 주제를 기반으로 어떤 사람과 인터뷰할 때는 특히 더 최대한 예의 바르게 임하려고 노력한다. 이것은 단지 기삿거리가 아니라, 그들의 삶 자체라는 것을 항상 유념한다. 나는 O.J. 심슨 사건 이후 한 가지 큰 교훈을 얻을 수 있었다.

### 프레드 FRED

인종 차별 문제로까지 불거지고, 몇 달에 걸친 O.J. 심슨 사건에서 나는 CNN의 집중 취재 메인 앵커를 맡았다. 사건의 모든 증거를 살펴본 나는 심슨이 극악무도한 살인을 저질렀다고 확신했다. 하지만 항상 기자로서의 객관성을 유지했고 재판 중에는 물론 가족들에게도 내 사건을 말한 적이 없었다. 검찰의 부당한 대우와 몇 개월에 걸친 격리된 배심원들의 판단을 고려해 봤을 때, 내려진 판결에 놀랄 이유는 없었다. 물론 무죄 판결에는 정치 심리적인 배경이 작용했을 것이다.

판결이 내려지고 얼마 후, 나는 《래리 킹 라이브 Larry King Live》의 특별 진행자를 맡게 되었다. 그날은 살해된 론 골드먼 Ron Goldman의 아버지인 프레드 골드먼 Fred Goldman이 메인 게스트로 출연했다. 프레드 옆에는 심슨에 대항하여 민사 소송을 제기할 예정인 론 골드먼의 변호사인 댄 페트로셀리 Dan Petrocelli가 앉아 있었다. 프레드는 형사 소송에서는 승소하지 못했지만 민사 소송에서는 이겼다. 라이브 인터뷰를 진행하던 중이었는데 프레드의 목소리가 떨리더니 이내 울음을 터트렸다. 많은 사람들이 기자는 피도 눈물도 없는 사람이라고 생각한다는 걸 잘 알고 있다. 하지만 이 상황에서는, 수많은 시청자들이 보는 앞에서 무너지는 프레드의 모습을 보여 주기보다는 재빨리 관심을 돌려 댄에게 다음 질문을 하는 것이 낫다고 판단했다. 프레드가 그 동안 감정을 정리할 수 있도록 말이다. 그 인터뷰는 프레드에게 정말 힘든 일이었을 것이다. 자신의 아들을 죽인 살인범이 영웅인 것처럼 당당하게 자유의 몸으로 풀려나는 모습을 본 지 얼마 되지 않았으니 감정을 가눌 수 없었을 것이다.

   방송을 마치고 집에 돌아오니 전화가 울렸다. CNN 담당 데스크에서 걸려온 전화였다. 프레드 골드먼이 전화를 달라고 메모를 남겼다는 내용이었다. 나는 얼른 그에게 전화를 걸었다. 프레드는 방송 도중에 내가 보여 준 성의와 배려, 특히 마음에서 우러나오는 연민에 감사한다고 했다. 이날 프레드와의 통화는 이후에 개인적으로나 업무적으로나 중요한 순간이 되었다. 나는 내 자신의 일인 것처럼 프레드를 대했다. 이때 얻은 교훈은 지금까지도 내 삶에 엄청난 영향을 주고 있다.

론 골드먼과 니콜 브라운 심슨 Nichole Brown Simpson이 살해된 지 14년이 흘렀다. 하지만 지금도 나는 골드먼의 가족과 연락을 한다. 나는 재판 이후에도 프레드와 딸 킴과 수차례나 인터뷰를 더 했다. 내가 배려하고 있다는 것과 그들의 아픈 마음을 건드리지 않으려고 노력한다는 것을 두 사람은 알고 있었다.

"연민은 도덕의 기초다."

— 쇼펜하우어 Arthur Schopenhauer(1788~1860)

### 베스 BETH

몇 년 뒤, 또 다른 피해자의 가족이 내 가슴을 울렸다. 고교 졸업 여행을 위해 아루바로 향했던 나탈리 홀로웨이 Natalee Holloway는 마지막 날 아침 홀연히 자취를 감췄다. 젊고 예쁜 소녀가 살해된 이 사건에서 베네수엘라 소년 3명(그중 한 명은 유명한 판사의 아들이었다)이 용의자로 지목되었다. 이 사건은 전 세계로 퍼져 나갔다. 하지만 이 사건이 몇 개월 동안 헤드 라인을 장식한 것은 모두 나탈리의 어머니인 베스 트위티 Beth Twitty의 힘 때문이었다.

나는 《인사이드 에디션》 로스앤젤레스 지부에서 베스를 만나 인터뷰를 했다. 베스를 만나자마자 어머니의 부드러움과 의지를 한 번에 느낄 수 있었다. 엄청난 슬픔을 겪고 있었지만 자식을 위해서 절대 타협하지 않겠다는 의지가 느껴졌다. 몇 개월 뒤, 나는 아부라로 출장을 가서 베스와 함께 저녁식사를 했다. 그날은 베스가 앨라배마 주 버밍엄에 있는 자신의 집으로 돌아가기 바로 전날이었다. 베네수엘라 당국에서는 베스가 머무는 것을 원치 않았다. 나는 인터뷰를 위해 아부라로 간 것이 아니었다. 나는 딸이 실종되고 몇 달이 지나도록 아무런 실마리를 찾지 못하는 현실을 베스가 어떻게 견뎌 내고 있는지 직접 보기 위해 갔다. 나는 베스와, 그녀의 친구 두 명과 함께 저녁식사를 했다.

우리는 식사를 하는 동안 사건에 대해서는 이야기하지 않았다. 베스는 이미 매일 아침 프로그램이나 케이블 방송에 나와서 쉴 새 없이 사건에 대해서 이야기했다. 친구가 베스가 웃는 얼굴을 오랜만에 본다고 말해 줘서 나 역시 너무 기뻤다. 이날 저녁식사는 기자와 피해자가 아닌, 새로운 친구들과 함께 식사하는 것처럼 느껴졌다.

베스와 나는 여러 가지 면에서 공통점이 있었다. 우리 둘 다 고교에서 갓 졸업한 딸을 가진 부모였다. 내 딸은 대학에 들어가기 위해 뉴욕으로 떠났지만, 베스의 딸은 대학교 수업을 들어 보지도 못 한 채 떠났다. 그리고 우리 둘은 매튜라는 이름을 가진 아들을 갖고 있었다. 베스의 아들 매튜는 고교 미식축구팀에서 활약하는 건장한 청년이었고, 나의 매튜는 아직 여덟 살도 채 되지 않았었다. 우리 두 사람의 아들들은 서로 다른 점이 있었지만 각자의 집에서는 사랑스런 어린 아들이었다. 우리는 아이를 먼저 보내는 것이 얼마나 고통스럽고, 상상조차 할 수 없는 일인지에 대해 이야기를 나누는 평범한 부모였다.

그날 저녁식사 말고도, 나는 새로운 정보를 얻기 위해 두 번이나 버밍엄을 방문한 적이 있다. 베스가 인터뷰를 위해 갑자기 로스앤젤레스에 올 때면 우리 집을 방문하기도 했다. 나탈리 또래인 딸 아만다가 베스를 만나고 싶어 해서였다. 한때는 베스가 딸 생각에 힘겨워 할까 봐 만남을 자제하기도 했었다. 베스는 우리 가족에 대해 진심으로 관심을 가져 줄 정도로 상냥하고 친근감이 있는 사람이다. 우리는 여러 공통점과, 부모와 한 인간으로서 가진 서로의 동정심으로 더욱 끈끈한 유대감을 갖게 되었다. 나는 지금도 때때로 베스와 연락해서 잘 지내고 있는지 안부를 묻곤 한다. 딸을 잃은 상처는 영원히 아물지 않을 것이다. 하지만 베스가 빨리 행복을 되찾길 기원한다.

"다른 사람의 행복을 빌어 주고 싶다면 동정심을 갖도록 하라.
자신의 행복을 원한다면 동정심을 갖도록 하라."

— 달라이 라마Dalai Lama

### 조지 GEORGE

1998년 4월 당시, 조지 마이클George Michael이 음란 행위 경범죄로 체포되었을 때, 그때도 그는 여전히 국제적인 팝 스타였다. 조지는 비벌리 힐스 공원의 한 화장실에서 경찰에게 적발되었다. 이 사건은 그의 팬들에게는 물론 자신에게도 치명타가 되었다.

방송사들 간에 조지와 인터뷰하기 위해 치열한 경쟁이 붙을 정도였다. NBC는 《데이트라인 Dateline》 일요일 판에 조지의 최초 인터뷰를 실을 것이라고 광고했지만, NBC를 제치고 CNN에서 내가 처음 인터뷰를 하게 되었다. 전 세계에 금요일 밤에 방영하기로 했다. 그리고 조지 마이클의 고향인 영국에서는 시차로 토요일 아침에 방영될 예정이었다.

조지도 아무런 조건 없이 인터뷰에 응할 것이라고 동의했다. 말 그대로 인터뷰에는 아무런 규칙이나 제한이 없었다. 우리는 '라이브 녹화'를 하기로 했다. 라이브 녹화란 녹화를 하되 편집하지 않고 그대로 방송하는 것을 뜻한다.

인터뷰 날 녹화장에 도착한 조지는 상당히 불안해 보였다. 그날 그의 모습은 평소에 수만 명의 팬들 앞에서 멋지게 라이브를 하던 팝의 황제라는 사실을 믿을 수 없을 정도였다. 그날따라 조지는 신경이 날카로웠고 불편한 기력을 감출 수 없는 듯해 보였다. 나는 그와 함께 스튜디오 외부에 있는 대기실로 가서 한 시간 동안 이야기를 나눴다. 나는 인터뷰는 조사가 아니며, 조사하는 내용도 없을 것이고, 그저 편안하게 대화를 나누면 된다

내 생애 마지막 날

고 거듭 강조했다. 나는 어떤 사전 질문 내용도 갖고 있는 게 없었다. 녹화가 시작되면 체포된 것과 관련된 사항을 묻긴 하겠지만, 이것은 그를 탓하기 위한 인터뷰가 아니었다.

드디어 인터뷰 시간이 되었다. 카메라가 돌아가는 동안 우리는 대기실에서 스튜디오로 자리를 옮겼다. 의자에 앉은 조지의 모습이 아까보다는 많이 진정된 것 같아 보였다. 그러나 인터뷰를 진행하고 5분쯤 지난 뒤, 나는 카메라를 꺼 달라고 요청했다. 조지가 말을 더듬었고 다소 긴장한 것 같았다. 나는 그에게 재판이 아니라 인터뷰일 뿐이니 심호흡을 하고 편안하게 생각하라고 말했다. 그리고 잠시 휴식을 취한 뒤 말을 이었다. "처음부터 다시 시작하죠."

조지는 언제 그랬냐는 듯이 평정을 되찾았다. 몇 분이 지나자 몰라보게 당당해진 조지의 모습에 내가 오히려 깜짝 놀랄 정도였다. 조지는 카메라 앞에서 당당하게 말했다. "오히려 좋은 기회죠. 제가 남자와 사귄다는 사실을 모두가 알 수 있을 테니까요. 상관없습니다. 지난 10년 동안 여자와 사귄 적이 없습니다."

그는 국제적으로 방영될 프로그램에서 '커밍아웃'을 한 것이다!

그는 체포된 것에 대해서도 말을 이었다. "바보처럼 위험한 상황을 스스로 만들었습니다. 하지만 제 행동이 부끄럽지는 않

연민

아요. 이런 식으로 제 자신의 성적 취향을 밝히게 되어서 좀 경솔했고 조금은 어리석었다는 생각이 들 뿐입니다." 공원에서 그런 행위를 한 것이 이번이 처음이 아니라는 또 다른 충격 고백이 이어졌다. 조지는 팬에게 사과했다. 전 세계를 강타할 만한 블록버스터급 인터뷰였다.

인터뷰가 끝나자, 조지는 마음속의 짐을 내려놓은 것 같다고 말했다. 그는 기분이 다소 나아졌는지 만난 지 2시간 만에 처음으로 미소를 지었다. 그는 자신이 동성애자라는 사실이 영국 잡지 일요일판에 떡하니 나오는 것이 두려운 나머지 금요일 밤 미국 전역에, 토요일 아침에 영국에 방영되는 우리와의 인터뷰를 강행하기로 한 것이었다. 조지는 팬에게 직접 고백하고 싶었던 것이다. 나에게는 이 인터뷰가 CNN과 내 자신의 승리였지만, 조지에게는 자기 자신의 승리였다.

몇 달 뒤, 나는 엘튼 존Elton John과 인터뷰를 했다. 그는 인터뷰에 흔쾌히 응해 주었고 그로 인해 친분을 쌓을 수 있었다. 몇 달 뒤에 칸 영화제 취재를 갔는데, 이른 아침에 호텔로 전화가 걸려 왔다. 그 전화는 엘튼에게서 온 전화였다. 그는 자신이 니스 근방에 산다며, 자신의 남자친구와 함께하는 저녁식사에 나를 초대하고 싶다고 했다. 식사를 하는 동안 엘튼은 자신의 친구인 조지와의 인터뷰를 보고 감명 받았다고 말했다. 또한 엘튼은 조지가 나의 호의와 배려 덕분에 편안히 인터뷰를 할 수 있었다고 말했다고 했다. 엘튼은 개인적으로 민감하고 감정적인

내 생애 마지막 날

부분을 잘 다루어 준 것에 대해 감명을 받았다고 덧붙였다.

이 일은 나의 믿음을 더욱 확고히 해 주었다. 특종은 터졌다가 사라진다. 인위적인 관계만큼이나 그 가치도 형편없는 것이다. 신뢰는 인간의 소중한 요소로, 한 번 잃어버리면 되찾기 힘들다. 나는 내 일인 것처럼 생각하며 조지 마이클과 인터뷰했을 뿐, 그 이상도 이하로도 생각하지 않았다.

# 끈기

"활력과 끈기는 모든 것을 정복한다."
— 벤자민 프랭클린 Benjamin Franklin(1706~1790)

"나무를 보며 인내를 깨닫고, 풀을 보며 끈기를 배운다."
— 작자 미상

나는 어머니에게 끈기를 배웠다. 어머니는 남부 필라델피아에서 가난한 어린 시절을 보냈다. 그녀가 누렸던 사치라고는 학년이 바뀔 때마다 선물 받은 신발 한 켤레가 전부였다. 어머니는 아름답고 현명했으며 언제나 활력이 넘쳤다. 성공하려면 고향을 떠나야 한다는 것과, 결코 불가능을 수긍해서는 안 된다는 것을 어려서부터 깨닫고 있었다. 그녀의 사전에 불가능이란 없었다.

어머니는 열여섯 살이 되던 해에 로스앤젤레스에서 나를 낳았지만, 열아홉 살이 되기 전에 아버지와 이혼했다. 어머니가 친아버지와 이혼한 뒤로 나는 어머니의 유일한 낙이었다. 어머니에게 미래의 희망이었기 때문에 모든 사랑과 관심을 한몸에 받았다. 어머니는 내게 사랑을 듬뿍 주었고 무엇이든 해낼 수 있다는 믿음을 갖게 해 주었다.

어머니는 낮에는 패션 모델로, 밤에는 근처 마트의 계산원으로 일하셨다. 그러다가 모델로 일하던 의류업체에서 영업 사원으로 일하게 되었고, 곧 남성들이 장악한 이 업계에서 몇 안 되는 성공한 여성이 되었다. 일을 시작한 지 몇 년 만에 회사의 최고 영업 사원이 되었고, 곧 영업 책임자로 승진했다. 어머니는 회사의 지분을 매입하려고 제안했지만 거절당하자 자신의 신념대로 행동했다. 안정적이고 높은 연봉의 직위를 그만두고 의류 회사를 차리기 위해 사활을 걸었다.

한편 수년 간 어머니는 심각한 질병들과도 싸워야 했다. 스물여섯 살 때 자궁절제술을 받았고 이로 인한 육체적 정신적 고통을 견뎌야 했다. 젊은 나이에 그러한 수술을 받았다니 무척 고통스러웠을 것이다. 수년 뒤 내가 대학생일 때 어머니는 디스크 파열로 두 달 넘게 병원에서 치료를 받았는데 당시에는 거의 걷지도 못했다. 그때 나는 피자를 사서 입원해 있는 세다스-시나이 의료 센터로 병문안을 가곤 했다. 어머니와 미트볼 샌드위치를 먹으며 함께했던 시간들은 잊지 못할 추억으로 남아 있다.

끈기

몇 년 뒤, 어머니는 원발성 담즙성 간경변증이란 질환을 앓았다. 의사들은 그녀가 받은 여러 차례 수술 중 마취와 관련된 어떤 부작용 때문에 간질환이 발병한 것이라고 추정했다. 하지만 거의 20년 동안 아무런 증상도 없었다. 잘못된 상식이기는 하지만 이 질환은 알코올 섭취로 발병한다고도 여겨지고 있다. 어머니는 술과도 거리가 멀다. 그녀는 자신의 병을 또 다른 도전으로 생각하며 간 연구와 간질환 환자와 가족을 지원하는 지역사회 및 국가 자선 단체들을 위해 일하기 시작했다. 곧 그들 자선 단체 중 한 곳에서 회장직을 맡게 되었다. 그러나 65세 생일이 얼마 지나지 않아 간 기능이 떨어지기 시작했고, 간 이식 필요 환자 명단에 이름을 올리게 되었다. 어머니는 특이한 혈액형을 가졌지만 6개월이라는 비교적 짧은 대기 기간을 통해 수술을 받을 수 있었다. 그녀는 간 이식 수술도 이제껏 모든 도전을 마주해 왔듯이 당당하고 위엄 있게 받아들였다. 물론 겁이 났을 것이다. 하지만 그녀는 용감했다. 회복하리라 믿었고, 그것이 어머니가 기대하는 유일한 결과였다. 그러나 수술은 생각보다 훨씬 까다로웠다. 수술 후 이틀째 되는 날 새로 이식 받은 간에 문제가 생겼다. 내 평생 친구이자 어머니였던 그녀는 갑작스럽게 나이 들고 연약해 보였다. 나는 어머니를 잃을 수도 있다는 생각에 두려워졌다.

기적처럼 새로운 간 기증자가 나타나 서둘러 2차 수술 일정이 잡혔다. 수술실에 들어가기 전 어머니는 자녀들과 손자손녀들을 불러 모았다. 그녀의 기력은 거의 바닥이 난 상태였고 갈색 눈동자의 생기도 사라진 듯했다. 나는 가까이 다가가 손을 잡았다. 그러자 어머니는 떨리는 손으로 노트에 한 단어를 써서 보여 주었다. 그것을 확인한 순간 나는 할 말을 잃고 말았다. 그날 밤을 넘기지 못할 것이라고 생각한 어머니는 사랑하는 사람들에게 '안녕'이라고 인사를 했던 것이다. 어머니가 포기하는 모습을 본 건 그때가 처음이었다. 나는 이것이 끝이라는 사실을 차마 받아들일 수 없었다.

두 번째 수술을 마친 의사는 의기양양하게 어머니의 상태가 양호하다는 소식을 전해 주었다. "모친께서는 포기를 모르시네요." 의사가 말했다. 우리도 익히 알고 있는 사실이었다. 어머니는 평생을 싸워 왔고, 끈기를 가지고 포기하지 않았다. 수술 후 수년이 지난 지금 어머니는 여전히 열정적으로 인생을 즐기고 계시다.

> "처음에 성공하지 못했다면, 다시 시도하기 전에 멈추고 스스로 무엇을 잘못했는지 생각해 보라."
> ─ 레오 로스텐 Leo Rosten(1980~1997)

실패 없는 성공이란 존재하지 않는다. 보통 수많은 실패를 겪은 뒤에 성공하게 되는 것이다. 실패 그 자체가 중요한 것이 아니다. 실패에서 무엇을 배울 수 있는지 또 실패에도 불구하고 계속 나아갈 의지가 있는지가 중요하다. 이것이 바로 끈기다. 포기하거나 실패에 좌절하지 않고 어떤 역경도 이겨 내며 때로는 일반적인 상식도 거부할 수 있는 용기가 필요한 것이다.

어머니의 삶에 대한 열정을 지켜보면서 나는 내 인생에서 싸워서 지켜 낼 가치가 있었던 것들을 돌이켜보았다. 그러자 '계속해서 포기하지 않고 싸워 나간다면 나는 무엇을 성취할 수 있을까?'란 의문이 들었다.

"나는 할 수 없어."라는 말을 하기보다 끈기와 의지를 갖고 행동한다면 삶이 어떻게 변할까? 모든 역경과 좌절에도 불구하고 원하는 것을 얻기 위해 계속 나아간다면 삶이 얼마나 더 풍요로워질지 상상해 보라. 끈기가 우리 인생의 마지막 순간을 어떻게 변화시킬 수 있을지 생각해 보라. 어차피 피할 수 없는 일이라고 가만히 앉아서 마지막 시간을 기다릴 것인가? 하루 매 순간을 열정적으로 산다면 삶은 우리에게 엄청난 선물들을 안겨다 줄 것이다. 힘차게 나아가지 않으면 어떤 선물도 얻을 수 없다.

# 음악

"침묵 뒤의 표현할 수 없는 것을 표현할 수 있는 것은
음악이다."
— 올덕스 헉슬리 Aldous Huxley (1894~1963)

"음악은 침묵의 잔을 채우는 와인이다."
— 로버트 프립 Robert Fripp

음악 없는 삶은 상상조차 할 수 없다. 나에게 음악은 공기만큼 중요한 존재다.

오랜 기간 동안 우리 집은 기타로 가득했다. 침실, 아이들 방, 복도, 거실, 서재까지 거의 모든 공간에 기타들이 걸려 있었고 홈 스튜디오까지 차렸다. 그 기타들은 내가 열세 살 이후 하나

하나씩 사 모은 것들이었다.

열아홉 살 때 나의 꿈은 음반 제작자 겸 작곡가가 되는 것이었다. 수년 간 매일 기타를 연습했고, 음악은 내 인생에서 가장 중요한 것 가운데 하나였다. 내게 있어서 음악이란 감정과 열정의 원천이자 표출구였다. UCLA 재학 시절 아직 전공을 정하지 않았을 때 음악이 내가 앞으로 해야 할 일이라고 생각한 적도 있었다. 그래서 음악 수업을 많이 수강했는데 음대 수업은 그 어떤 과목보다 어려웠다. 음대에 들어가기 위해서는 오디션을 통과해야 했다. 오디션에서는 지원자가 두 가지의 악기를 연주할 수 있는지와 클래식 피아노 즉석 연주 실력을 테스트했다. 그래서 나는 나를 지도해 줄 피아노 강사를 구하고 오디션을 위해 강의를 받기 시작했다.

나는 강의실을 이동할 때마다 카세트 테이프를 들으며 넓은 캠퍼스를 걸어 다녔다. 당시 내가 가진 카세트 테이프는 8트랙 테이프를 대신하는 최신 기기였다. 또한 나는 음감이 떠오를 때마다 가사와 멜로디를 적어 두기 위해 피아노 선생님에게서 떠오르는 악상을 악보에 옮기는 법을 배웠다.

내가 작곡했던 여러 곡 가운데 특히 마음에 드는 곡을 고르라면 그것은 당연히 러브 송일 것이다. 나는 기타를 연주할 때는 하드 록이나 서던 록, 재즈를 선호했다. 하지만 내가 곡을 쓰거나 노래를 부를 때는 오히려 감상적인 러브 송을 많이 쓰게 되었다. 내가 만든 노래를 피아노로 능숙하게 연주할 수 있게 되자 나는 용기를 내어 친아버지에게 들려드리기로 했다. 아버지와 나는 몇 년 전에야 화해를 했기에 더더욱 노래를 들려드리고 싶었다. 친아버지는 배우 경력을 쌓으면서 음반도 낸 적이 있었고 수년 간 가수로서 라스베이거스에서 공연도 했었다. 나는 내가 만든 노래를 좋아했지만, 그보다도 아버지의 인정을 받고 싶은 욕심이 컸다.

나는 친아버지 댁을 방문해 떨리는 마음으로 거실에 있는 피아노에 앉아 연주하며 노래를 불렀다. 처음에는 다소 민망했지만 연주가 계속되면서 자신감이 생기고 목소리가 강해졌다. 어느덧 마지막 소절에 이르렀을 때 내 인생에서 잊을 수 없는 일이 일어났다. 아버지가 다가와 팔로 내 어깨를 두른 것이었다. 흐느끼는 소리에 고개를 돌려 바라보니 아버지가 울고 있었다. 아버지의 눈물을 본 건 그때가 처음이자 마지막이었다. 나의 노래로 그를 감동시킬 수 있었다는 사실은 참으로 감격스러웠다. 이 사건을 계기로, 비록 아버지와 나는 더 이상 법적으로 부자 관계는 아니었지만, 둘 사이에 끊을 수 없는 유대감이 존재한다는 것을 느낄 수 있었다. 아버지가 아들에게 물려주는 선천적인 재능은 법으로도 지울 수가 없는 것이다.

아버지는 내가 무척 자랑스럽다고 말씀하셨다. 나는 이미 아버지가 나를 얼마나 대견하게 생각하는지 말로 표현하지 않아도 느낄 수 있었다. 그는 내 노래를 데모 테이프로 녹음하기 위해 유명한 음반 제작자와 실력 있는 스튜디오 음악가들을 고용

했다. 당시 녹음을 하며 그들과 보낸 시간은 내 생애 최고의 순간으로 남아 있다. 당시 아버지와 함께 내 데모 테이프를 만들 때, 아버지는 내가 만든 곡을 직접 부르셨다. 아버지가 아들에게 재능을 주었다면, 이번에는 아들이 작곡가로서 아버지에게 피드백을 주게 된 것이다.

앞으로 20년 간은 아버지와 한 스튜디오 안에 있을 일은 없을 것이다. 하지만 아버지와 함께 스튜디오에서 일하면서 아버지가 내 재능을 알아보았을 때, 대견해 하셨던 것만큼 나 역시 내 노래를 불러 주는 아버지의 모습이 뿌듯했다. 아버지는 일찍이 가수로 이름을 알렸지만 배우이자 감독으로 더 유명해졌다. 아버지는 10년 넘게 노래를 하지 않았다. 그래서 다시는 가수로 무대에 설 일은 없을 것이라고 생각했다. 그러던 중 그는《스타 트랙 : 딥 스페이스 나인 Star Trek: Deep Space Nine》에 50년대 스타일의 라운지 가수 홀로그램으로 캐스팅되었다. 매 에피소드마다 그는 프랭크 시나트라 Francis Sinatra 의 고전을 노래하고 사랑에 관한 충고를 하는 역할을 했다.

이를 본 한 음반 회사와 아버지는 음반 계약을 맺었는데 가수로 데뷔한 지 거의 20년 만의 첫 앨범이었다. 녹음은 프랭크 시나트라가 불후의 명곡들을 만들었던 캐피털 레코드에서 진행되었다. 함께 작업한 뮤지션들 상당수가 시나트라의 곡을 연주했던 사람들이었다. 당시 나는 CNN에서《쇼비즈 투데이》라는 프로그램을 진행하고 있었는데 녹음 현장을 취재한 적도 있었다. 긴장하고 있었던 나는 아버지가 마음껏 노래하는 모습을 보자 이내 뿌듯해졌다.

노래를 부르는 아버지의 모습은 마치 그냥 숨 쉬는 것처럼 자연스러워 보였다. 마치 음악이 아버지를 몸속에 흐르는 것만 같았고, 나는 그동안 그저 추측만 해 왔던 아버지의 잠재된 재능을 비로소 목격한 듯한 느낌이 들었다. 다시 한 번 친아버지와 나는 음악으로 하나가 되었다.

"음악을 멈추는 것은 시간을 멈추는 것처럼
믿을 수도 상상할 수도 없는 일이다."

― 아론 코플란드 Aaron Copland(1900~1990)

## 리처드 RICHARD

언젠가 한번은 나처럼 기타를 좋아하는 한 친구가 기타 판매상인 리처드를 소개해 주었다. 리처드와 그의 아내 아네타는 샌디에고에서 독특한 수제 기타들을 파는 악기점을 운영했다. 그들의 악기점은 화가들의 작품을 선보이는 아트 갤러리처럼 기타 제조업자들의 작품들을 선보였다. 리처드는 섬세한 수제 악기에 내재된 아름다움을 보는 안목이 있었고, 다른 뮤지션들과 이를 공유하는 꿈을 갖고 있었다. 어느 날은 리처드에게 전화를 걸어 새 기타를 고르는 요령을 물어보았다. 진정한 기타 마니아

라면 늘 항상 새로운 스타일의 기타가 필요하기 때문이다.

기타에 대한 리처드의 열정은 전염성이 있어 간단한 대화일 수 있었던 전화 통화도 결국 장시간의 토론으로 이어지고 결국 나를 집으로 초대하게까지 되었다. 리처드는 나에게 아무 기타나 팔지 않을 것이며, 직접 만져 보고 연주해 보지 않고 전화상으로 구매하도록 내버려두지도 않을 것이라고 말했다. 리처드는 기타가 내게 "난 네 거야."라고 응답하는 것을 직접 봐야 한다고 했다. 돈이 문제가 아니라 연주가에게 꼭 맞는 기타를 안겨 주는 것이 목적이라고 했다. 그는 한 마디로 기타 '중매쟁이'였다.

내가 그를 직접 만났을 때 그는 암으로 투병 중이었다. 화학치료로 인해 약해진 몸은 침대에서 일어나기조차 힘들 정도였다. 하지만 내가 그의 집을 방문했을 때 그는 완쾌된 모습으로 나를 반겨 주었다. 우리는 한 시간 반 동안 기타들을 둘러보았다. 거실과 부엌에 걸려 있는 다양한 악기들을 설명할 때 그는 마치 어린아이처럼 기뻐했다. 그곳은 그의 집이자 기타 전시장이었다.

리차드는 전국의 독특한 기타 제조업자들을 발견하고 그들의 작품을 선보이는 데 굉장한 자부심을 갖고 있었다. 대부분이 미세한 새김 장식과 희귀한 목재와 재료들을 사용했기 때문에 가격은 천문학적으로 비쌌다. 하나하나가 모두 보물이었다. 하지만 비싸다고 훌륭한 기타는 아니라고 말했다. 내가 눈여겨 본 기타를 그가 알아채고는 꺼내 왔다. 윗부분은 금장식이 되어 있는 아르데코 스타일의 잘 빠진 할로우바디 전자 기타였다. 또 한 쌍을 맺어 주었다는 사실을 두고 그는 기뻐했다. 나는 기타를 사기로 했고 우리는 음악을 들으며 이를 축하했다. 그는 리코딩 엔지니어라면 누구나 부러워할 만한 스테레오 장비를 갖고 있었다. 이 장비들을 통해 마치 라이브로 연주되고 있는 것 같은 음악을 감상하는 내 모습을 흥미롭게 바라보았다. 새로 산 기타를 갖고 집을 나서는데 아네타가 배웅해 주었다. 그녀는 내가 남편의 회복 기간 중에 처음 방문한 사람이라며, 그가 몸은 피곤해도 함께 시간을 보내고 나면 활력을 되찾곤 한다고 말했다. 그날 리처드는 새로운 고객 한 명만 생긴 것이 아니라 새 친구 한 명을 만들었다.

그 뒤에도 나는 리처드와 몇 차례 더 얘기를 나누었다. 그는 내 '자식'이 어떻게 지내는지 항상 궁금해 했다. 나는 그에게 그 기타를 영원히 소중하게 간직하며 두고두고 연주할 것이라고 말해 주었다. 기타와 음악에 대한 열정을 함께 공유할 수 있는 사람을 만나게 되어 행복했다. 최근 발굴한 기타들과 또 다른 중매에 관한 리처드의 이메일이 항상 기다려졌다. 그러던 중 아네타에게서 이메일이 왔는데, 그 이메일은 그가 병마를 이겨내지 못했다는 소식이었다. 그에게서 산 기타로 연주할 때마다 나는 그가 가진 음악적 재능을 떠올리게 될 것이다.

음악

> "오, 음악. 마법 중의 마법이여!"
>
> — J.K. 롤링 J.K. Rowling

음악에는 신비로운 힘이 있으며 감상하는 데는 아무것도 필요하지 않다. 노래를 부르거나 라디오를 듣거나, 음반이나 CD 또는 아이팟을 들으면 된다. 만일 내 생애 마지막 날에 들을 노래를 골라야 한다면 나는 비틀즈의 모든 음반을 선택할 것이다. 나는 비틀즈의 음악을 통해 사랑과 이별, 행복과 고독 등 인생에서 경험할 수 있는 모든 감정을 경험했다. 록, 재즈, 퓨전 음악, 블루스와 컨트리 음악도 좋아하지만, 나에게 비틀즈 음악은 시간을 초월한 완벽한 음악이다.

다음은 내 인생에서 가장 주옥 같은 앨범들 중에 일부로(내 나이가 짐작되는가?), 내 생에 마지막 순간에 듣고 싶은 노래들이다.

비틀즈 〈애비 로드 Abbey Road〉

딥 퍼플 Deep Purple 〈머신 헤드 Machine Head〉

조니 미첼 Joni Mitchell 〈마일스 오브 아일스 Miles of Aisles〉

레드 제플린 Led Zeppelin 〈II〉

이글스 Eagles 〈헬 프리즈 오버 Hell Freezes Over〉

플리트우드 맥 Fleetwood Mac 〈더 댄스 The Dance〉

잭슨 브라운 Jackson Browne 〈더 프리텐더 The Pretender〉

제임스 테일러 James Taylor 〈원맨밴드 One Man Band〉

  음악은 새로운 기분을 자아내기도 하고 감정을 변화시키기도 한다. 또한 음악은 인생의 특정한 순간 또는 특별한 사람을 상기시켜 주기도 한다. 가만히 앉아 있어도 음악을 통해 정서적으로 다른 시공간으로 떠날 수도 있다.
  나는 내 생애 마지막 날에 듣고 싶은 음악이 있다. 당신은 생애 마지막 날에 어떤 음악을 듣고 싶은가?

# 웃음

"웃음은 사람의 얼굴에서 겨울을 몰아내는 태양과도 같다."
― 빅토르 위고 Victor Hugo(1802~1885)

"인생에서 가장 헛된 날은 웃지 않는 날이다."
― 커밍스 E. E. Cummings(1894~1932)

살날이 하루밖에 남지 않았다면 나는 많이 웃을 것이다. 아기의 웃음만큼 달콤한 것은 없다. 이 세상에 태어날 때 웃었으니 떠날 때도 웃어야 하지 않을까?

**래리** LARRY

래리는 뉴스 카메라맨이었다. 그는 세상을 카메라 속에 담는 일 그 이상의 일을 했다. 래리 역시도 세상의 중요한 일부였다. 그는 만나는 사람마다 웃게 만들고 그들에게 깊은 인상을 남겼다. 나와 래리는 로스앤젤레스에 있는 CBS 방송국에서 처음 만났다. 그와 함께한 촬영은 언제나 즐거웠다. 그의 끝없는 이야기와 유머에 놀라곤 했다.

래리는 장난을 좋아했다. 래리가 출장 가서 머물렀던 호텔마다 벽화를 떼어 내 유리를 제거한 뒤 사인을 하고 제자리에 걸어 놓는다는 소문은 누구나 다 알고 있었다. 'L. Green'이라고 새겨진 그림이 있다면 십중팔구 래리가 장난한 것이다.

매년 래리는 자진해서 한 해 동안 모든 NG와 편집 장면을 준비해서 사내 송년회에서 선보였다. 걸작 같은 장면들이 많았고 모두가 웃음을 피해 갈 수 없었다. 모두들 그의 '최악 리스트'에 포함되는 것을 영광으로 생각했다. 나는 최근 유튜브에서 내가 가장 당황스러워했던 사건이 올려져 있는 것을 발견했다. 1989년 당시 나는 새벽 6시 뉴스를 진행하고 있었다. 하루는 의자에 앉고 나서야 이어폰을 깜박하고 가져오지 않았다는 사실을 깨달았다. 이어폰은 스튜디오 위의 조종실에 있는 프로듀서와 연결되어 뉴스 진행 시에 꼭 필요한 장비였다. 그래서 나는 건물 두 동 건너 있는 내 책상으로 달려가 가져오기로 했다. 그런데 시간을 잘못 계산하는 바람에 다시 돌아왔을 때는 프로듀서가 방송 10초 전 카운트다운을 세고 있었다. 생방송 뉴스가 시작되었을 때는 너무 숨이 차서 견디기가 어려운 상황이었다.

사정을 모르는 마치 울먹이거나 심장발작이라도 일어난 것처럼 보였을 것이다. 그때가 1월 둘째 날이었으니 연초 술자리로 숙취가 덜 깨었다고 생각하는 시청자도 있었을 것이다. 나는 이 영상을 15년 넘게 직접 보지 못했다. 그런데 바로 당시에 폐기된 그 테이프를 쓰레기통에서 다시 찾아낸 사람이 래리였다는 사실을 알고서는 웃고 말았다.

래리도 전자 기타를 연주했다. 그는 특히 블루스 음악을 좋아했다. 래리는 방송국에서 밴드를 결성했는데, 내가 밴드 이름을 '나쁜 소식'이라고 지었다. 썩 어울리는 이름이었다. 밴드에는 래리를 포함하여 메인 앵커인 짐 램플리, 11시 뉴스 책임 프로듀서, 주 편집자 그리고 내가 멤버로 활동했다. 우리는 근처 연습실에서 일주일에 한 번씩 연습을 했다. 처음에는 베이스 연주자가 없었는데, 래리가 방송국 외부 사람을 설득시켜 밴드에 합류시켰다. 밴드 활동을 할 때는 래리는 '플라이'로 통했다. '나쁜 소식' 멤버들이 록 스타가 된 밤이 있었다. 우리는 할리우드의 유명한 '팔라듐'에서 열린 방송국 크리스마스 파티에서 수백 명의 관중들 앞에서 공연했다. 그날 밤 그 공연은 우리에게 꿈 같은 순간이었다. 파티에 온 사람들도 우리만큼 우리 노래를 좋아했는지는 모르지만 말이다.

몇 년 뒤, 내가 그 방송국을 떠난 뒤에도 래리는 내게 계속해서 연락을 해 왔다. 그는 친구들에게 안부를 물으면서 그들로 하여금 자신들이 가장 중요한 친구라는 생각이 들게 만들었고,

이는 그만의 사랑스러운 특징이었다. 그가 친구나 동료들과 어울리는 모습을 볼 때면 꼭 소년을 보는 것 같다.

나는 사십대에 들어서면서 오토바이에 관심을 갖기 시작했다. 그러다 일요일 아침마다 오토바이 애호가들이 모이는 장소에서 래리와 우연히 마주치게 되었다. 그는 나를 보자 웃음을 지었다. 우리 둘 다 할리스 오토바이를 갖고 있었고, 오래도록 십대의 환상에 머물고 싶어 했다.

마지막으로 래리와 통화를 했을 때 그는 9.11테러 1주년 기념 기사를 촬영하러 페르시아 만으로 갈 예정이라고 했다. 몇 주간의 촬영을 끝내고 돌아오면 같이 오토바이를 타자고 했다. 하지만 그 약속은 결국 지켜지지 못했다. 래리가 탄 군용 헬리콥터의 조종사가 실수로 배의 돛대를 스치면서 그 충격으로 헬리콥터가 불시착한 것이다. 래리는 헬리콥터에서 몸을 내밀어 촬영을 하느라 안전벨트를 하고 있지 않았기에 열린 출입구 밖으로 튕겨나갔고, 그 자리에서 목숨을 잃고 말았다.

래리의 장례식은 그의 삶과 마찬가지로 성대했다. CBS 건물의 야외 주차장에서 열린 그의 장례식에는 수많은 사람들이 참석했다. 야외 경기장에서나 볼 수 있는 초대형 스크린이 설치되어, 그의 친구들과 가족들은 래리에 죽음에 애도를 표하는 사람들의 모습을 지켜볼 수 있었다. 또 그가 촬영하고 편집한 많은 영상들 중 일부도 나왔다. 눈물과 웃음이 뒤섞인 감동적인 장례식이었다. 래리도 이런 것을 원했으리라. 비록 그는 작별 인사

웃음

도 못하고 불의 사고로 우리 곁을 떠났지만 생전에 항상 먼저 손을 흔들며 상대를 웃게 만드는 존재였다. 지금도 나는 그를 생각할 때면 미소를 짓게 된다.

# 모험

"인생은 용감한 모험과 지루한 무(無)의 세계, 둘 중 하나다."
― 헬렌 켈러 Helen Keller(1880~1968)

### 비행, 경주 그리고 뱀파이어 사냥

나는 내 자신을 그다지 모험적인 사람이라고 생각하지는 않는다. 하지만 새로운 도전으로부터 물러선 적은 없다. 새아버지는 개인용 비행기를 갖고 있었고 직접 운항도 했다. 나는 여덟 살 때 첫 비행 레슨을 받았다. 그 이유는 아버지와 함께 비행하는 도중 아버지에게 무슨 일이 생기면 나라도 아버지를 대신해서 안전하게 비행기를 착륙시킬 수 있도록 대비하기 위해서였다.

비록 나는 새아버지처럼 비행을 취미로 발전시키지는 못했지만 하늘에서 경비행기를 조종하는 것은 매우 특별한 경험이었다. 마음을 가다듬으면서 경계심을 바짝 세우고 지상 3km 위로 갑자기 솟아오르는 것은 해방감과 스릴, 평화를 맛볼 수 있게 했다.

나는 1998년 CNN 앵커로 일할 당시 토요타의 프로-셀러브리티 경주에 참석해 달라는 초청을 받았다. 이 경주는 매년 캘리포니아 롱비치 그랑프리 대회 기간에 열리는 행사로 유명 인사 20명이 참가한다. 퀸 라티파 Queen Latifah, 카메론 디아즈 Cameron Diaz, 짐 벨루시 Jim Belushi, 캐서린 벨 Catherine Bell 등의 스타들이 대거 참석했는데 내가 참석해서 행사의 스타성을 깎아 내린 셈이 되었지만, 아무튼 참석한 것만으로도 영광이었다.

우리는 포뮬러 경주자들이 메인 경기에서 사용하는 코스를 특별히 개조된 토요타의 셀리카로 10바퀴를 주행했다. 참가자들은 경주 전 두 달 동안 주말마다 로스앤젤레스 북쪽에 위치한 윌로우 스프링스 경기장에서 최고의 강사들에게서 강도 높은 강의와 실전 수업을 받는다. 처음에는 강사가 동승하지만 나중에는 혼자서 운전하며 시간을 재고 서로간의 속도를 비교했다. 한 번은 목숨이 위태로웠던 사고가 있었다. 이 사고를 겪으면서 비숙련 경주자들을 고성능 차에 태워 경주로로 내보내는 일이 그다지 좋은 생각만은 아니라는 것을 깨달았다.

유명 인사 경주에 대한 배경 기사 취재를 위해 하루는 CNN 동료가 나와 동행하기로 했다. 우리 팀에 와일드 카드가 있다면 그건 짐 벨루시였다. 쇼맨십이 뛰어난 그는 종종 다른 사람들에게 무모하다고 여겨지기도 했다. 나는 그의 대응이 일부러 관심을 끌려고 한 것이 아니라 자연스럽게 나온 것들이라고 생각한다. 그는 확실히 나의 동료의 관심을 끌긴 했다. 벨루시는 마지막 연습 주행에서 시속 160km가 넘는 속도로 직진 구간을 달리다가 내 동료의 옆을 아슬아슬하게 스쳐 지나갔다. 모두들 안도하며 웃어 넘겼지만, 내 몸속의 아드레날린은 한 시간 이상 솟아올랐다. 실제 경기도 시작하기 전에 모험이 시작된 것이다.

인디500 경주를 보며 언젠가는 나도 저런 데 참가하고 싶다고 하며 자란 나 같은 사람에게 이번 경기는 꿈이 현실이 되는 순간이었다. 경기 당일에는 경주 역사상 최초로 비가 내려서 특히 위험했다. 모두 경험이 부족했기 때문에 사고가 발생하지 않을까 하는 걱정도 있었다. 나를 포함해서 트랙에서 미끄러진 차량들이 있었지만, 놀랍게도 충돌이나 부상은 전혀 발생하지 않았다. 벨루시는 이날 참가하지 않았는데, 나는 그가 있었다면 무슨 일이 일어났을지 상상이 갔다. 물론 그는 우리 중에서는 베스트 드라이버였다. 나는 참가자들 중에서 여섯 번째로 주행을 마친 것으로 만족했다. 하지만 카메론 디아즈가 나를 쉽게 앞지른 것을 알고 나서 속이 조금 쓰리긴 했다.

"여정이 길고 모험과 경험으로 가득하길 기도하라."

— 콘스탄틴 P. 카바피 Constantine Peter Cavafy(1863~1933)

모험

어떤 가벼운 초대에 기꺼이 응했다가 내 생에 가장 모험적인 경험을 한 적이 있다. 친구 이튼과 저녁식사를 하게 되었는데, 그는 《세상에서 가장 무서운 곳들》이라는 텔레비전 시리즈를 연출하고 있는 친구였다. 그는 트란실바니아에 있는 드라큘라의 성에서 촬영할 계획을 갖고 있었다(농담이 아니라 실제로 루마니아에 그런 성이 있다). 나는 그의 촬영 계획을 듣고 그에게 멋진 여정이 될 거라고 말했더니 함께 가지 않겠느냐고 제안했다. 사실 그는 내가 거절할 것이라고 생각했던 것 같다. 뜻밖의 제안에 놀라 아내를 바라보았더니 "같이 가 봐요. 분명 마음에 들 거예요!"라고 응원해 주는 게 아닌가. 그래서 나는 우리 가운데 한 사람이라도 마음이 변하기 전에 좋다고 대답해 버렸다.

며칠 뒤 나는 비행기에 올랐다(사실 성까지는 비행기를 몇 차례 갈아타고도 차로 네 시간이 걸렸다). 내 인생의 진정한 모험 중의 하나가 될 여정에 오른 것이다. 주위 사람들은 지금까지도 내가 왜 그런 선택을 했는지 물어보곤 하는데 내 대답은 항상 같았다. "왜 안 돼?" 나는 그곳을 가 본 사람을 아직 단 한 명도 만나 본 적이 없다.

그곳은 나의 상상만큼 아니 그 이상으로 굉장한 곳이었다. 비행기로 루마니아에 도착하고 나서도 우리는 거의 다섯 시간 정도를 운전해서 서쪽 끝에 위치한 최종 목적지인 티미쇼아라에 도착했다. 이동 중에 보이는 풍경들은 매번 시간을 거슬러 올라가는 것 같은 느낌을 주었다. 친숙한 시골 풍경은 동화책에 나오는 중세 시대와 흡사했다. 주민들은 자동차 대신 마차를 타고 다녔다. 영화 《늑대인간 The Wolfman》에서 늑대인간 역의 론 채니 주니어가 건초 더미를 실은 마차를 타고 가는 늙은 집시 여인과 마주치는 유명한 장면이 있는데, 나는 이 여인을 본 것만 같았다. 드넓은 들판 사이로 작은 초가집들이 간간이 눈에 띄었는데 수백 년은 그 자리에 있은 듯해 보였다. 거의 모든 집들이 간소한 나무 울타리를 갖고 있었고 마당에는 닭들이 노닐고 있었다. 그곳과 그곳 사람들은 모두 소박한 모습이었다. 우리 세대를 옭아매고 있는 현대 기술에 물들지 않은 상태였다. 교통 소음이나 경적도, 에어컨 돌아가는 소리도 들리지 않았다. 이따금 불어오는 바람이 들어오도록 창문을 열어 놓으면 그만이었다. 오랫동안 대도시에 살다 보니 새의 지저귐과 자연의 소리가 이상하게 낯설지만 반가웠다. 드라큘라 성이 있는 마을이 가까워질수록 구소련이 이 지역을 현대화하려고 잠시나마 손을 댄 흔적들을 볼 수 있었다. 상하수도관이 지상으로 노출되어 수수한 돌길의 아름다움을 헤치고 있었다. 하지만 그것 말고는 1500년대 이후로 변한 게 거의 없었다. 친구와 함께 머무른 여관은 수백 년 된 곳이었다. 전기와 배수 시설은 아늑한 느낌을 주는 이 여관이 세워진 지 한참 뒤에 설치되었음이 분명해 보였다. 창문에는 방충망이 없어 밤에는 벌레를 쫓기 위해 창문을 열고 커튼을 방어막처럼 드리워 놓았지만 효과가 없었다. 촬영은 밤늦게까지 계속되었다. 하지만 여관 주인은 우리가 새벽 2

모험

시나 되어 숙소에 돌아와도 우리를 위해 지역 음식을 코스로 대접해 주었다. 하루는 닭으로 만들었다는 요리를 먹었는데 고기는 거의 없고 이상한 뼈들만 많이 들어 있었다. 나는 친구에게 박쥐 요리를 먹고 있는 것 아니냐고 농담을 건네기도 했다.

드라큘라 성은 낮에도 엄숙하고 섬뜩한 느낌을 주었다. 이 성의 주인 가운데 가장 유명한 인물은 블라드 테페스로, '처형자 블라드 Vlad the Impaler' 또는 현대에 들어서는 드라큘라 백작으로 알려진 인물이다. 사실 그는 백작은 아니었다. 그는 1400년대 중반 잔인하기로 악명 높은 왈라키아 대공이었다. 그는 침략자들을 겁주려고 사람을 꼬챙이로 꿰어 죽였는데 나중에 이를 즐기게 되었다고 한다. 결국 오락의 한 형태로 이런 처참한 살인을 저지르게 된 것이다. 그의 성 안팎에서 죽은 사람의 수가 3만 명이나 된다고 한다. 성의 안뜰은 경사지게 만들어 피가 앞문으로 흘러내리도록 해 침략자들을 겁주어 쫓아 보냈다. 성 깊은 내부에 위치한 방들 중 일부는 고문실로 사용되었는데, 수백 년이 지난 지금도 죽음이 기운이 맴돌았다. 이번 여정은 호화스러운 여행은 아니었지만 잊을 수 없는 경험이었다. 친구의 초대를 거절했더라면 분명 두고두고 후회했을 것이다.

이번 여행은 나 역시도 상상치 못했던 일이다. 나는 아직도 내가 수백 년 된 축축한 고성에서 한밤중에 잔뜩 겁을 먹고 혼자 둘러보기 무서워했던 걸 생각하면서 여전히 웃음 짓는다. 이 여행은 오싹하고 해괴하면서도 정말 환상적인 경험이었다. 그

때를 생각하면 그곳에 나를 데려다 준 것은 비행기가 아니라 바로 나의 모험심이었던 것 같다.

나의 처음 질문처럼 지금 나에게는 오로지 24시간이 주어져 있다. 물론 이 짧은 시간 안에 해낼 수 없는 모험적인 것들도 있다. 에베레스트 산을 오르는 것은 불가능하지만 주어진 하루 동안 스카이 다이빙이나 번지 점프를 함으로써 인생을 모험적인 대단원으로 마무리할 수 있다. 하지만 진정한 모험은 내면에서 우러나오는 것이다. 행동 그 자체가 아니라 모험심이 가득한 영혼이 진정한 모험을 가능하게 한다. 당신에게는 어떤 모험이 기다리고 있는가? 거절하고 나중에 후회한 경험이 있는가? 모험을 감행하는 것보다 모험을 거부했을 때 더 많은 후회를 하게 될 것이다.

항상 해 보고 싶었지만 '다음에'라고 생각하며 미뤄 왔던 것들이 있지 않은가? 나는 새로운 일에 도전해야 할 때는 내일이 아니라 바로 오늘이라는 걸 깨달았다. 그래서 언제든 모험을 받아들일 준비가 되었다. 나는 예고나 계획 없이 행동할 때가 가끔 있다. 모든 것은 경험해 보고 이를 통해 스스로 성장해야 한다.

**모험**

# 열정

"현실에서는 아무것도 가지지 않은 자보다 열정을 가진 자가 행복하다."

― 알프레드 테니슨 경 Alfred Lord Tennyson(1809~1892)

"오직 열정, 위대한 열정만이 영혼을 위대하게 만든다."

― 드니 디드로 Denis Diderot(1713~1784)

어머니와 새아버지는 내게 직업을 선택할 때는 자신의 열정을 따라야 한다고 누누이 말씀하셨다. 특히 새아버지는 "좋아하는 일을 해라. 그러면 돈은 저절로 따라온다."고 말했다. 하지만 불행히도 나는 아버지의 충고를 새겨 듣지 않았다. 대학 시절 나는 작곡가와 음반 제작자가 되고 싶었지만 실패할까 봐 두려웠다. 그래서 안전한 길을 선택했다. 이 선택은 내 인생에서 가장 후회스러운 일이 되어 버렸다.

　졸업 후 법학 대학원에 진학하겠다고 말씀드리자 부모님은 매우 당황해 하셨다. 예상치 못한 선택이었기 때문이었다. 나는 언제든 내세울 수 있는 법학 학위를 선택한 것이다. 하지만 정작 중요한 것은 생각하지 못했다. 젊은이들이 위험을 감수하는 데에는 그만 한 이유가 있다. 그것은 다름이 아니라 그들에게는 책임질 것이 거의 없기 때문에 잃을 것도 없다는 것이다. 이렇게 꿈을 미루는 바람에 꿈이 사라질 뻔했다. 대학원과 대학원을 졸업한 뒤 몇 년 동안 기타를 연주하지 못했다. 기타는 케이스 안에 뉘여 옷장 속에 갇혀 있었다. 그러던 어느 날 나는 기타가 다시 나를 부르는 듯한 느낌을 받았다. 열다섯 살 때 그 기타를 산 뒤로 매일 몇 시간씩 연습하곤 했는데 어떻게 기타를 완전히 잊고 살 수 있었는지 지금 생각해 보면 믿기지 않는다.

　몇 년 만에 기타 케이스를 여는 순간 의식적으로 거의 잊고 지냈던 열정이 되살아났다. 나는 삼십대에 다시 기타 레슨을 받기 시작했고 숨 쉬는 것처럼 자연스러운 행복을 느꼈다. 나의 열정을 재발견한 것이다. 그리고 다시는 열정을 놓지 않으리라 맹세했다. 그 뒤로 나는 단 몇 분이라도 거의 매일 연습을 한다. 내가 매일 연습을 하는 것은 그냥 하고 싶어서라기보다 꼭 연습해야만 한다는 생각 때문이다. 기타 연주는 내 영혼을 가득 채워 준다.

　내 인생에서 음악은 가족 다음으로 중요한 존재다. 나는 음악

열정

에 대한 열정을 아이들과 함께 나눈다. 아만다는 열 살 때부터 기타를 연주했다. 나는 아만다의 작은 손에 맞는 3/4사이즈의 기타를 사 주었고, 아만다는 그 기타로 레슨을 받기 시작했다. 몇 년 뒤 아만다는 전자 베이스도 배우기 시작했다. 딸아이와 나는 비슷한 음악 취향을 갖고 있고, 나는 그 아이를 통해 젊은 밴드들을 알게 되면서 젊은 세대의 음악적 감각을 이해할 수 있게 되었다. 10년 뒤 아들 매튜도 기타에 관심을 갖게 되었다. 그는 전자 기타와 통기타를 모두 좋아했다. 그런데 신기하게도 매튜와 나의 음악적 취향도 일치했다. 그는 내가 어릴 적에 즐겨 연주하던 곡들을 좋아했다. 엄청난 세대 차이에도 불구하고 나와 내 아들이 같은 음악적 취향을 가질 수 있다는 것은 신기했다. 그 이유는 매튜가 '기타 히어로'와 '록 밴드'와 같은 비디오 게임을 통해 오래된 록 명곡들에 푹 빠지게 된 덕분이었다. 나는 단순히 나의 아이들에게 음악에 대한 사랑과 열정만을 물려주지 않는다. 우리는 음악을 통해서 독특하고 지속적인 관계를 형성할 수 있었다.

 우리 집에서는 두 가지 목적에서 기타들을 케이스 안에 보관하는 것이 아니라 밖에 전시해 둔다. 우선 기타를 장식용으로 두면 보기가 좋을뿐더러, 악기가 나와 있으면(옷장 속 케이스가 아니라) 더 자주 연주하게 되기 때문이다. 각 기타는 고유한 모양과 느낌, 소리를 갖고 있다. 모두가 훌륭한 작품이지만 박물관 전시품처럼 다루지는 않는다. 기타는 만지고 튕기고 연주하고 즐기는 것이다. '기타 입장에서는 연주가에 의해 연주될 때 가장 행복하지 않을까' 라는 생각을 해 본다. 기타는 아름다운 음악을 만들기 위한 아름다운 도구다. 이제 나는 곡을 쓰지 않거나 음악을 듣지 않고 하루를 보내는 것을 상상할 수가 없다.

나는 이후 또 다른 열정에 따라 전문 방송인이 되었다. 나는 말하는 것을 좋아한다. 내가 초등학생일 때는 수업 시간에 떠든다고 종종 부모님께서 학교에 불려오곤 하셨다. 선생님께 꾸중을 들을 때 친구와 얘기를 나누고 있었어도, 선생님이 내게 자신의 말을 반복해 보라고 시키면 나는 거의 문자 그대로 반복할 수 있었다. 이런 자질은 내가 앵커와 리포터로 성공하는 데 큰 역할을 했다. 생방송을 진행할 때는 보통 이어폰을 장착한다. 그런데 그 이어폰을 통해서 뉴스를 전하고 있을 때 프로듀서의 지시를 듣게 된다. 동시에 듣고 말하는 자질이 필요한 유일한 직업을 찾은 듯하다.

결혼한 지 얼마 되지 않았을 때 아내 케리는 과자를 먹으면서 자신과 대화가 가능한 사람은 나밖에 없을 거라고 농담을 한 적이 있다. 내가 말로써 돈을 벌 수 있는 직업을 선택한 것은 우연한 일이 아니었다.

케리는 식물에 대한 열정을 갖고 있다. 이를 기반으로 그녀는 지금 조경 디자이너의 조수로 일하고 있다. 내가 기타로 집 안을 채워 놓았듯 케리도 자신이 좋아하는 것으로 주변을 채워 가고 있다. 우리 집에서는 2층 방은 물론 모든 창가에서 밖을 내다보면 식물을 감상할 수 있다. 로스앤젤레스에서 가장 번잡한 곳 가운데 하나인 '윌셔가'에서 90m도 떨어지지 않은 곳에 위치해 있지만, 식물에 둘러싸여 있어서 외부와는 다른 아늑함이 느껴진다. 이곳은 우리의 평화롭고 비밀스런 정원이기도 하다. 방들은 정원에서 기르는 식물에서 잘라 낸 꽃들로 장식되어 있다. 그래서 방마다 정원의 향기가 풍긴다.

당신의 영혼을 살찌우는 열정은 무엇인가? 삶의 무엇이 당신을 영적으로 지탱해 주는가? 이것 없이는 살 수 없다고 생각되는 것을 찾아보라. 어른답게 생계를 위한 일을 하면서도 삶을 최대한 즐기는 것은 어려운 일이 아니다. 나는 나의 열정을 계속 추구해 나가려고 애쓰면서, 나의 가족들이 그들만의 열정을 인식하고 그 열정을 키우는 데 도움이 되려고 한다. 이렇게 하면 우리의 삶도 풍요로워질 것이다.

# 소유

"부를 소유했을 때 얻는 기쁨보다
부를 잃었을 때 얻는 고통이 더 크다."
— 딕 그레고리Dick Gregory

"모든 것을 소유하는 것이 인생의 전부가 아니다."
— 모리스 센닥Maurice Sendak

 누구나 더 많은 것을 소유하고자 하는 욕망에 쉽게 휘말릴 수 있다. 그런 점에서 보석이나 자동차 또는 높은 지위를 나타내는 상징들은 중독성을 유발하면서 사람들이 소유욕에 집착하게 만들기도 한다. 사람은 더 많이 가질수록 더 많이 원한다는 사실이 흥미롭지 않은가? 때로 지나친 과욕은 물건의 가치를 하락시켜 소중함을 바래게 한다. 나는 십대 시절 기타 한 대를 갖고 있었는데 50개의 기타보다 그 하나가 더 소중하게 느껴졌다. 나는 열다섯 살 때 마련한 전자 기타를 아직도 갖고 있다. 이 오래된 기타가 내게 얼마나 소중한 물건인지는 아무도 짐작하지 못할 것이다. 하지만 나 역시 살아 오면서 더 많은 것을 원하는 욕망에 사로잡히곤 했다. 우리는 어렸을 때부터 많을수록 좋다는 말을 들으며 자랐다. 그리고 주위의 수많은 광고들은 행복해지기 위해서는 상품을 끝없이 구매해야 한다며 설득한다. 그 결과 우리는 자신이 어떤 사람인지가 아닌 무엇을 갖고 있는지를 기준으로 자신을 정의하기 시작한다. 하지만 삶을 진지하게 되돌아보면서 중요하게 고려해야 할 것은 이제껏 우리가 사들였던 것이 아니라, 우리가 자신의 삶에 가져다 준 것이 무엇인가다.

### 대니 DANNY

몇 년 전에 나는 내 인생의 영웅이 될 한 사람을 만났다. 대니는 기타를 만드는 장인이다. 그가 직접 설계하고 만든 기타들은 내가 본 기타들 중에서 가장 특이하고 아름다운 것들이었다. 그는 일반인에게는 잘 알려져 있지 않았다. 하지만 그가 만든 기타는 전문 음악인들 사이에서는 변화무쌍하고 선명하고 기품 있는 음감으로 상당한 가치를 인정받고 있었다. 대니는 자신이 설계한 기타를 대량 생산해서 수백만 달러를 벌 수도 있었다.

하지만 그는 소박한 삶을 택했다. 나와 아만다는 그와 잊을 수 없는 오후를 보낸 적이 있다. 우리는 그가 간소한 작업실에서 일하는 모습을 지켜보고 조용히 점심을 함께했다. 그 뒤 우리는 놀라운 대화를 나누었는데 이로 인해 우리가 생각하고 있던 성공과 행복의 정의는 확연히 달라졌다.

대니는 은행 통장이 없다고 털어놓았다. 그는 수년째 검소한 아파트에서 생활하고 있었고, 직업과 자동차로 사람을 판단하는 지역에 거주하면서도 10년 된 낡은 자동차를 몰며 살고 있었다. 뿐만 아니라 그는 의료 보험도 없었고 본인의 사회 보장 번호가 무엇인지도 모른다고 했다. 그리고 그의 기타 제조 법칙은 오직 하나였다. 돈이 필요할 때만 기타를 만드는 것이었다. 그는 기타에 쓸 재목을 고르는 것처럼 자신의 기타를 구매할 고객을 신중하게 선택했다.

사람들은 굉장한 재능을 가졌으면서도 어렵게 살고 있는 그를 보고 그가 자신이 만든 기타로 유명해진 록 스타들의 성공을 부러워할지도 모른다고 생각할 수 있다. 하지만 대니는 매우 예외적인 인물이다. 그는 자신의 삶에 진심으로 만족하고 행복해했다. 자신의 스타일대로, 자신이 원하는 삶을 살고 있었다. 자신이 필요하거나 원하는 모든 것을 가지고 있다고 말했다. 그에게 소유란 행복과는 상관없는 무가치한 것이었다. 대니와의 만남 이후 몇 년이 지난 지금까지 나와 아만다는 여전히 그날을 기억하며 경외감을 느낀다. 그러면서 한편으로는 그가 부럽기

소유

도 하다. 대니는 많은 물질적 소유물은 가진 사람이 아니지만 다른 의미에서 그는 내가 알고 있는 사람들 가운데 가장 부유한 사람이다.

지금이라도 무엇을 갖고 있는지가 아니라, 자신의 가치와 자신이 좋아하는 것과 싫어하는 것을 기준으로 어떤 존재인지 생각해 보라. 다른 사람이 어떻게 생각하느냐에 따라 성공을 가늠해서는 안 된다. 그렇게 하면 항상 부족함을 느낄 수밖에 없을 것이다. 나는 현재 힘든 시기를 통해 그날 오후 대니가 가르쳐준 교훈들을 떠올리곤 한다. 나는 최근에서야 그의 교훈들을 진정으로 이해하게 되었다. 그 동안 나는 내가 가진 것들과 잃을 수도 있는 것을 기준으로 나를 정의하고 있었다. 특히 집을 잃을 수도 있다는 불안감 때문에 나는 위축감을 느낄 수밖에 없었다. 그리고 이런 삶의 태도로 인해 나는 인생을 낭비하고 삶을 끝낼 지경까지 도달했다. 실로 치명적인 실수를 저지르고 있었던 것이다.

"인생은 빈손으로 왔다가 빈손으로 가는 것이다."

— 조지 커프만George Kaufman(1889~1961) & 모스 하트Moss Hart(1904~1961)

나는 살 수 있는 날이 하루밖에 남지 않았고, 오늘이 생의 마지막 날이라고 생각하는 과정에서 그 어느 때보다 명확한 한 가지 진실을 깨달을 수 있었다. 우리는 이 세상에 홀로 태어났고 떠날 때도 혼자라는 사실이다. 생의 마지막 날을 상상해 보라. 무엇이 가장 중요하다고 생각되는가? 무엇이 당신을 가장 행복하게 만들고, 당신이 진정으로 필요한 것이 무엇인지 생각해 보라.

이런 질문을 통해 나는 깨달았다. 내가 가장 필요로 하는 것은 돈으로 사거나 팔 수 없는 것이므로 성취하고 소중히 간직해야 한다는 것임을.

# 놀라움

"인생은 생각대로 흘러가지 않는다.
놀라운 일들이 기다리고 있을 수도 있다.
예상하지 못한 일들은 종종 발생하며, 때로 인생이나 상황에
긍정적인 변화를 가져오기도 한다."

— 엘리자베스 에스턴 Elizabeth Aston

**에롤** ERROL

우리 앞에 어떤 놀라운 일들이 기다리고 있는지 어느 누구도 알 수 없다.

인터넷의 도래로 나의 기타 수집 취미는 거의 집착에 가까워졌다. 매일 미국 전역에 있는 가게들의 물건들을 살펴보고 또

이베이 인터넷 경매 사이트에서 기타를 팔고 사기 시작했다. 그리고 현실적이기보다는 이상적인 기타를 찾아 계속해서 헤매고 있다.

  자주 일어난 일이지만 그날도 구매한 기타가 내 것이 아님을 직감하고서는 이베이에 팔려고 내놓았다. 기타는 재빨리 팔렸다. 구매자인 에롤은 뉴욕에 살고 있었는데, 이베이에서 구매와 판매 모두에 경험이 많으며, 신뢰할 만한 기록을 갖고 있다고 했다. 그는 내 통장으로 돈을 입금시켰고 나도 즉시 기타를 포장해서 보내 주었다. 그 기타는 내가 깁슨에서 직접 구매한 완전히 새로운 기타였다. 포장을 뜯은 장본인으로서 이를 다시 판매할 때도 완벽한 상태라고 자신 있게 광고했다. 하지만 에롤은 기타를 받자마자 이메일을 통해 마감 칠이 제대로 되어 있지 않다고 불만을 표했다. 기타 외관이 마치 오렌지 껍질처럼 보인다는 것이었다. 나는 그 기타를 다른 사람에게 쉽게 판매할 수 있을 거라고 생각하고, 즉시 그에게 환불과 함께 배송비까지 물어 주었다. 그 다음 날 그에게 물품을 돌려보내 줄 수 있겠느냐고 물었더니 그는 생판 모르는 사람에게 기타와 돈을 보내는 나의 행동에 놀란 듯했다. 그는 내가 바보이거나 정말 착한 사람이거나 또는 둘 다일 거라 생각했을 것이다. 내 행동을 보고 나서 그는 이메일을 보내기 시작했고 우리는 계속해서 연락을 주고받는 사이가 되었다. 곧 우리는 나이가 엇비슷하고, 성장 배경이 비슷하며 평생 음악과 기타에 대한 열정을 안고 살았다는

놀라움

공통점도 발견했다. 이렇게 우리의 끈끈한 우정은 시작되었다. 그리고 이메일 연락은 전화 통화로 발전했다.

　에롤의 직업은 은행가였지만 집에 전문 녹음실까지 차려 놓은, 굉장한 재능을 가진 기타 연주가이자 작곡가이기도 했다. 그는 두 장의 앨범을 녹음하고 배포한 경력도 있었다. 우리는 매일 대화를 나누는 사이가 되었다. 그와 편안하게 자주 얘기하다 보니 마치 초등학교 친구처럼 느껴졌다.

　그러던 어느 날 에롤이 로스앤젤레스에 올 일이 생겼고 나는 그를 우리 집에 초대해 가족을 소개시켜 주고 바깥에서 식사를 대접했다. 장모님이 반은 농담으로 그가 연쇄 살인마가 아닌 건 확실하냐고 내게 물었던 기억도 난다. 그냥 웃어 넘겼지만 사실 나도 확신할 수는 없었다. 당시 나는 씽크Think라는 포드 사의 전기 자동차를 갖고 있었다. 이는 제대로 된 자동차라기보다는 아이디어가 돋보이는 2인승 차량으로, 보도나 근처를 오가며 짧게 이용한 것이 전부였다. 하지만 정식으로 도로 주행이 가능하고 시속 25마일까지 속력을 낼 수 있었다. 에롤이 머물고 있는 호텔은 2마일도 떨어져 있지 않았기에 내가 데리러 갈 테니 전기차를 탄 남자를 찾으라고 일러 두었다. 그가 나를 발견했을 때 호텔 직원들이 나를 보고 낄낄 웃어 대고 있었다. 아마 그 역시 초면에 개조한 골프 카트 같은 것을 타고 온 내가 제정신인지 의심했을 것이다.

　에롤과의 우정은 음악에 대한 사랑 이상으로 발전했다. 그는 나의 막역지우이자 조언자로, 형제라고 할 수 있을 정도로 친밀해졌다. 이베이라는 공간에서 이렇게 인생을 바꿀만 한 관계를 맺을 수 있다는 것은 정말 믿기 힘든 사실이다. 친구를 맺기 위해 이베이에 수수료를 지불하지도 않았는데도 말이다!

우리는 여전히 거의 매일 대화를 나누고 있으며, 우리 가족은 뉴욕에 사는 그의 집을, 그리고 그의 가족은 로스엔젤로스에 있는 우리 집을 방문하기도 했다. 나의 두 딸 모두 뉴욕에 있는 학교에 진학했는데 에롤 부부가 아이들을 돌보아 주고 있다는 사실에 마음이 놓인다. 최근 에롤은 우리 집에 단기간 머물게 되었는데 나의 26년 결혼 생활에서 이런 손님은 그가 처음이었다. 나는 그에게 내 친구들인 스티브와 조쉬에 대해 말해 주었다. 그리고 만약 내가 에롤을 베스트 프렌드라고 부른다면 그들이 가만두지 않을 거라는 경고 섞인 농담도 건넸다.

당신의 삶에서 어떤 놀라운 일들이 기다리고 있는지 누가 알겠는가? 생의 마지막 날조차도 말이다. 마지막 순간에도 그런 일들은 일어날 수 있다. 놀라운 일은 생의 마지막 날까지 언제든 일어날 수 있다. 받아들이기만 하면 된다.

놀라움

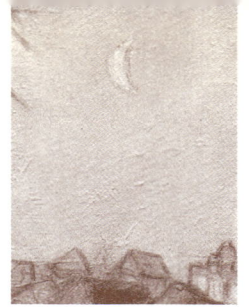

# 경이로움

"아이들의 울음소리를 듣고 그 아이들이 자라는 것을
지켜본다. 그들은 내가 아는 것보다 더 많은 걸 배울 것이다.
이 세상의 아름다움을 생각해 본다."

―조지 데이빗 웨이스 & 밥 씰 George David Weiss & Bob Thiele(1922~1996)

예상치 못한 상황에 대비하라.
　당신은 이 책을 처음 넘겼을 때 삶이 단 하루밖에 남지 않았다고 상상해 보라는 문제가 나오리라고는 생각하지 못했을 것이다. 그런데도 당신은 지금까지 나와 함께 이 책의 메시지에 귀 기울이고 있다.
　그럼 이제 경이로움과 기쁨에 관한 이야기를 나누어 보자.

## 유치원에서 배운 교훈

내 딸 칼리는 뉴욕에 있는 대학에서 1학년을 마친 뒤 여름방학을 가족과 함께 하기 위해 집으로 돌아왔다. 칼리는 여름 동안 할 수 있는 일을 찾던 중 어렸을 때 다녔던 유치원에서 보조교사로 일하기로 했다. 나는 칼리가 이곳에서 일하면서 아이들에게 가르쳐 준 것보다 더 많은 것을 아이들에게서 배우게 되었다고 생각한다.

칼리는 누군가를 돌보는 데는 타고난 재능을 지녔다. 그녀는 다정다감하고 온화하며 매력적인 성품을 갖고 있다. 유치원에 출근한 첫날부터 몇몇 아이들이 칼리의 무릎에 앉아 이야기를 들으며 선생님을 좋아한다고 말했다고 한다. 칼리는 집에 돌아와서 가족들에게 아이들의 순진한 말과 행동을 전해 주며 즐거워했다. 그 이야기를 듣는 우리들도 아이들의 귀여운 행동이 상상이 되어 웃을 수 있었다.

어른의 관점에서 별것 아닌 것들이 아이들의 작은 눈에는 새롭고 특별하다. 칼리는 아이들이 매우 단순한 활동을 하면서도 감탄하고 놀라워 한다는 사실을 발견했다. 토끼를 쓰다듬으면서도, 손가락으로 냉장고 문에 붙일 그림을 그리면서도, 흙과 물로 진흙을 만들면서도 말이다.

어느 날 칼리는 유치원의 비공식 마스코트인 샘슨이라는 이름의 거북이가 모든 아이들의 마음을 사로잡은 얘기를 들려주

경이로움

었다. 샘슨이 상추를 한입 베어 먹는 등의 아무것도 아닌 일에 아이들은 흥분하는 것이다. 한 명 한 명씩 모든 아이들이 "샘슨이 먹고 있어! 샘슨이 먹고 있다고!"라고 외친다는 것이다. 그렇게 단순한 행위도 기쁨과 흥분을 자아낼 수 있다는 사실이 실로 놀라웠던 것이다.

칼리는 이 사랑스러운 아이들을 지켜보면서 유치원이라는 작은 공간에서 더할 나위 없이 큰 기쁨들이 쏟아져 나오는 것을 느낀 것이다. 이런 소소한 즐거움은 칼리도 어렸을 때 느꼈던 감정들이다. 칼리가 유치원에 다닐 때도 샘슨이 있었다. 한동안 잊고 있었지만 샘슨이 먹이를 먹는 모습에 그녀 역시 흥분을 느낀 것이다. 아이들의 반응을 설명하는 칼리를 보고 있으면 나도 어린 시절의 즐거웠던 순간들이 떠오른다. 그리고 잃어버린 순수함을 잠시나마 회복할 수 있다.

아이들은 매우 단순한 것들에도 쉽게 감탄하고 즐거워한다. 하지만 자라면서 단순한 것들을 무시해 버리기도 하고 제대로 감상하려 들지 않는다. 눈을 크게 뜨고 주변에 널린 자연의 신비로움에 심취해 보라. 아름답게 빛나는 하늘과 시원한 바람, 아이의 웃음에 빠져 보라. 처음에는 평범해 보이는 것들이 신비롭게 느껴질 것이다. 이를 직접 체험해 보라. 나는 가장 단순한 것이 가장 큰 기쁨을 준다는 사실을 거의 잊고 있었다.

생각해 보자. 단 24시간밖에 살 수 없다면 떠오르는 태양이 숨이 멎도록 아름답게 보이지 않을까? 새벽이 아침이 되는 순간 창 밖에서 들려오는 새의 노래를 들어 보자. 아침 이슬에 젖은 잔디의 상쾌함을 느껴 보자. 가장 소박한 기쁨의 순간들을 제대로 느껴 본 적이 언제인가? 만일 그런 감정이 떠오르지 않으면 아이와 단 몇 분 간만 함께 있어 보라. 아이에게 매우 소중한 것을 배울 수 있을 것이다.

# 목적

"삶의 목적은 두려움 없이 기꺼이 새롭고 풍부한 경험에
뛰어들고 경험을 최대한 즐기며 사는 데 있다."

— 엘리노어 루즈벨트 Eleanor Roosevelt(1884~1962)

목적을 가지고 움직이지 않으면 방향을 잃어버린다.

수년 간 나의 하루 일과는 똑같았다. 매일 아침 내가 감사하게 여기는 것들을 소리 내어 말한 다음, 남은 하루를 목적을 갖고 긍정적인 에너지로 보낼 수 있도록 도와주는 단어들을 읽는 것이다. 나는 너무 오랫동안 진정한 목적의식도 없이 대충 하루하루를 보냈다. 뚜렷한 목적의식 없이는 방황하기 쉽다. 이는 장기 목표들이 하나씩 천천히 실현되기 때문이다. 하지만 인생은 지도와 같다. 목적지를 분명히 하고 거기에 이르는 길을 구상하는 것이 중요하다. 계획 없이는 결말을 예상할 수도 없고,

어딘가에 다다른다고 하더라도 그곳은 애초에 진정으로 원했던 곳이 아닐 수 있다. 내게도 그런 일이 일어났다. 나는 목적 없이 방향을 잃어버리게 된 것이다.

운전을 하려면 연료가 필요하듯, 나는 내 영혼의 연료와 같은 단어들을 목록으로 간직하고 있다. 이런 단어들은 내가 하루하루를 최선을 다해 열심히 보낼 수 있도록 내 자신을 다잡게 해준다. 나는 이 목록을 '10C'라고 부른다. 나는 매일 아침 그날의 도전을 맞이하기 전에 목록의 단어들을 소리 내어 읽는다. 이는 내게 영감을 불어넣고 도전을 긍정적으로 받아들일 수 있도록 도와준다.

나의 '활력' 목록은 다음과 같다.

침착 Calm
냉정 Cool
소통 Connected
동정 Compassionate
매력 Charming
창의력 Creative
유머 Comical
호기심 Curious
자신감 Confident
집중 Centered

목적

나는 항상 '집중'을 마지막으로 말하고 숨을 깊게 들이쉰 다음 참았다가 천천히 내보낸다. 이로써 긴장과 고민을 없앨 수 있다. 그러면 머리가 맑아지고 남은 하루를 각오와 함께 힘차게 보낼 수 있는 준비가 된다. 이 단어들은 내게 효과가 있는 것들이다. 자신에게 와 닿고 동기와 영감을 불러일으키는 단어들을 스스로 찾아 목록을 만들어 보라. 나는 같은 철자로 시작하는 목록을 좋아하는데 여기에는 뭔가 선불교의 느낌이 나서 마음에 든다.

> "목적을 위해 자신을 내던질 때 비로소 진정한 행복이 찾아온다."
>
> — 윌리엄 쿠퍼 William Cowper(1731~1800)

### 계획 실행

목록에 있는 단어들은 내게 영감을 준다. 또한 실제로 효과가 있다. 내가 처음으로 '활력' 목록을 사용하기 시작한 것은 1990년 CNN에 입사한 지 얼마 지나지 않아서였다. 긍정적이고 강력한 힘을 지닌 이 목록에서 영감을 얻어 나는 행동에 나설 수 있었다. 폭스 텔레비전에서 공동 진행을 보던 엔터테인먼트 프로그램이 얼마 방영되지 못하고 종영된 뒤, 나는 연예 담당 책임 특파원으로 1년 간 CNN과 계약을 맺었다. 나는 로스앤젤레스에서 연예인들을 인터뷰하고 영화 시사회와 시상식을 취재하고 기타 연예계 뉴스를 전달했다(오늘날 흔히 볼 수 있는 할리우드 타블로이드 스타일의 방송과는 확실히 달랐다). 나는 CNN이 내게 맞는 직장인지 확신이 서지 않았다. 이 때문에 그곳 간부들을 설득해서 1년만 계약했다. 10개월 가량 지났을 무렵 나는 자비로 CNN 본사가 있는 애틀랜타로 가는 일정을 계획했다. 나는 CNN 본사 사장과 부사장들과의 회의를 가질 계획이었으며, 이전에 그들을 만나 본 적이 없었다.

나는 야간 항공편을 이용해 로스앤젤레스에서 애틀랜타로 이동한 뒤 CNN이 있는 곳에 위치한 옴니 호텔에 방을 얻었다. 연속으로 회의를 한 뒤 그날 밤 집으로 돌아갈 예정이었다. 회의에서는 프로그램 편성과 특별 프로그램에 관한 다양한 생각들을 제시할 참이었다. 호텔에 새벽 6시에 체크인을 하고 잠시 눈을 붙인 뒤 샤워를 하고 정장으로 갈아입었다. 그리고 나의 커리어를 변화시킬 수 있는 하루를 맞이했다. 첫 회의에서 간부는 내게 애틀랜타 본사에 온 이유를 물었다. 나는 이번 여행의 목적은 오로지 당신을 비롯한 방송국 간부들을 만나기 위한 것이라고 대답했다. 나는 CNN과 내 계약 기간이 끝나가고 있으며, 이번 기회를 통해 작별이 아닌 시작의 인사를 전하기 위해 이곳에 왔다고 말했다. 나는 그와 개인적인 친분을 맺어 앞으로 대화할 때는 서로를 더 잘 이해할 수 있기를 바랐고, 나는 그에게 프로그램과 기사에 관한 생각을 전달했다.

그는 나의 자신감과 남다른 접근 방식에 깊은 인상을 받아 "CNN이 돈에 인색할지 몰라도 우리는 그 정도까지는 아니라네. 자네가 쓴 항공비와 숙박비를 지원해 주겠네."라고 말했다. 그 뒤 두 달이 채 지나지 않아 나는 CNN의 엔터테인먼트 프로그램인 《쇼비즈 투데이》의 공동 진행자로 발탁되어 8년 동안이나 그 프로그램을 맡았다. 나의 긍정적 자세와 목적의식이 승진으로 이어진 것일까? 내 생각에는 그런 것 같다.

당시 나는 방송국 회장인 톰을 처음으로 만났다. 톰은 이후 내 삶에 지대한 긍정적인 영향을 미친 사람이 되었다. 다시 강조하지만 나는 우연이란 건 없다고 생각한다. 목적이 있어야 행동할 수 있다. 한동안 나는 목적의식을 잃어버렸던 적이 있었지만 다행히 제때 다시 찾아낼 수 있었다.

# 유산

> "우리는 매 순간 서로를 사랑하며 세상을 변화시킨다."
>
> — 사마리아 라이트 커프만 Samahria Lyte Kaufman

우리는 세상에 빈손으로 태어나 결국 빈손으로 떠난다. 이런 인생 여정에서 우리의 삶은 서로 엮이게 되어 있다. 한 사람을 통해 간접적으로 다른 모든 사람들에게도 영향을 주게 된다. 이것은 우리가 남기고 가는 유산이 된다.

내 삶의 유산은 나의 자녀들이다. 인생에서 다른 건 몰라도 아이들을 키우고 가르치며 보냈던 시간과 사랑을 통해 내가 소중하게 여기는 것을 성취할 수 있었다. 아만다, 칼리, 매튜는 내 인생과 희망, 꿈의 결정체다. 나는 CNN 시절 상사였던 톰의 말을 종종 떠올리곤 한다. 그가 말하길, 삶의 끝자락에 이르면, 사람으로서, 친구로서, 아들로서, 남편으로서, 또 아버지로서의 자신의 인품을 가늠할 수 있다고 했다. 자녀들이 어떤 사람이 되어 있을지는 모르지만 내가 죽은 뒤에도 정신만은 그들과 함께할 것임을 잘 알고 있다. 나는 아이들에게 최상의 교육을 제공하기 위해 노력해 왔다. 나는 그들에게 직업에서뿐만 아니라 인생에서 성공하기 위한 자신감을 심어 주기 위해 노력했다. 이것이 나의 선물이자 유산이다.

### 아만다 AMANDA

아만다는 우리 집에서도 친척들 중에서도 장녀였다. 그 아이가 세상에 태어난 순간 우리의 삶은 영원히 달라져 버렸다. 아만다는 태어난 순간부터 축복과도 같은 존재였다. 모든 어버이가 자신들의 아이가 세상에서 가장 예쁘다고 말하는 것처럼 나 역시 예외가 아니다. 그런데 정말 내 딸이라서 하는 말이 아니라 아만다는 내가 본 아기들 중에서 가장 예쁘다. 아만다는 어릴 때부터 독특했다. 다른 아이들처럼 기어 다니려 하지 않고 똑바로 누워 등으로 밀어서 움직였다. 그래서 아만다의 뒷머리카락이 닳았고 나는 그런 모습을 보며 전형적인 남성 대머리와 모양과 비슷하다는 농담을 하곤 했다. 14개월 가량 되었을 때 아만다는 갑자기 서서 걷기 시작했다. 이후 그녀는 뒤를 돌아본 적이 없다.

아만다는 어디를 봐도 말괄량이였다. 어렸을 때는 남자가 되고 싶어 하던 때도 있었다. 세 살 가량 어린 여동생 칼리가 매우 어렸을 때는 아만다가 남자아이라고 믿기도 했다. 아내와 나는 아만다가 행복하기만 하다면 어떤 모습으로 성장해도 좋다고 생각했다. 물은 아무리 저항해도 제자리를 찾아가게 마련이기 때문이다. 언젠가 출장에서 돌아왔더니 아만다가 처음으로 드레스를 입고 있어서 무척 놀랐던 기억이 난다. 아이가 중학교에 들어갔을 무렵이었는데 그 모습이 참 아름다웠다. 내가 출장을 가기 전까지는 아만다는 분명 선머슴 같은 아이였는데, 출장에서 돌아오니 매력적인 젊은 여성으로 변해 있었다.

아만다는 열두 살이 되면서 영화 감독에 흥미를 갖게 되었다. 돈을 모아 비디오카메라를 사더니 본인의 첫 번째 단편 영화를 찍었다. 《디렉터스 컷 Director's Cut》이라는 영화로, 감독이 촬영 중인 미스터리 살인 영화에 출연하는 여배우와 사랑에 빠지는 내용이었다. 결국 여배우가 감독을 찔러 죽이며 끝나는 영화였다. 아만다는 자신의 할아버지이자 나의 친아버지인 제임스 대런을 영화에 출연시켰다. 마지막 장면에서 감독이 바닥에서 피를 흘리며 마지막 숨을 거두고 있을 때 들리는 배경 음악은 딘 마틴 Din Martin의 〈사랑이야 That's Amore〉였다. 아만다가 각본과 촬영을 맡은 이 독특한 영화에 대해서 물어보았더니 대답은 간단했다. "이건 러브 스토리라고요, 아버지."

독특함은 아만다의 매력이다. 진지하고 열중하는 성격이 때로는 지나칠 때도 있다. 열다섯 살 때 이미 프로스트 Proust의 책

유산

을 두 권이나 읽었다. 그녀가 사우스 캘리포니아 대학교에서 예술사와 커뮤니케이션학을 모두 공부하겠다고 했을 때 나는 매우 감동했다. 이는 나와 아내가 대학에서 각각 전공한 분야였다. 아만다는 부모라면 누구나 갖고 싶은 그런 감성이 풍부하고 사랑스런 아이였다.

## 칼리 CARLY

둘째 딸 칼리의 이름은 칼리 사이먼Carly Simon에게서 영감을 얻었다. 딸아이의 삶은 사이먼의 음악만큼이나 서정적이다. 나는 칼리를 보며 항상 경이로운 생각을 갖는다. 겉으로 보기에 큰 노력이나 걱정 없이 순조로운 삶을 이어 나가고 있으니 말이다. 칼리는 다정하고 친절하다. 방에 들어서면 입을 열지 않아도 분위기를 압도하는 그런 힘이 있다. 칼리의 활력은 우리 집 분위기를 확 바꿔 놓는다. 칼리가 아주 어렸을 때 잠자리에 들기 전 침대에서 나에게 단순하지만 심오한 질문을 한동안 반복했었다. "아빠는 내가 되고 싶어?" 나의 대답도 언제나 같았다. "그럼. 하루라도 칼리가 되어 보고 싶단다." 정말 행복하다는 것은 과연 어떤 것일까?

칼리와 아만다는 베스트 프렌드다. 정반대의 성격을 갖고 있어 서로에게 매력을 느끼고 완벽하게 보완해 줄 수 있는 사이다. 아만다처럼 칼리도 어렸을 때부터 예술적인 감각을 보였는데, 그림과 사진 분야에서였다. 어릴 때부터 꿈꿔 왔던 메이크업 아티스트가 된다면 회화에 대한 관심을 충족할 수 있을 것이라고 생각한다. 칼리가 아름다운 젊은 여성이 되는 것을 지켜보는 것은 정말 뿌듯한 일이면서도, 성장 과정을 지켜보는 것은 좀 힘이 들기도 한다.

### 매튜 MATTHEW

매튜는 기적적으로 얻은 아들이다. 우리는 아만다보다 열한 살이 어리고, 칼리보다 여덟 살 아래인 그를 애지중지했다. 어떻게 보면 매튜는 두 누나와 완벽한 조합을 이루었다. 독특하지만 재미있고, 바보 같지만 진지하고, 강인하면서도 친절하고 사랑스럽고 또 사랑 받는 아이다. 매튜를 통해 나는 나도 모르게 내 소년 시절을 경험할 수 있었다. 그는 내가 상처 받은 부분들을 완전하게 만들어 주었다. 나는 그를 조건 없이 아끼고 사랑한다.

누나들처럼 매튜도 예술적인 재능을 타고났다. 매튜는 어렸을 때 그림 그리는 것을 좋아했다. 당시 그린 작품들은 그의 선천적이고 정교한 내면의 깊이와 인식을 잘 보여 주었다. 두 명의 든든한 누나를 둔 덕분에 매튜는 일찍이 자신감을 키울 수 있었다. 굉장한 카리스마와 독특하지만 전염성 강한 유머 감각을 지니고 있다. 그의 미소는 앞으로 그의 존재를 더욱 부각시켜 줄 것이다.

 막내여서 우리가 의도했던 것보다 버릇이 없기는 하지만, 나는 자녀들에 관한 한 어떠한 후회도 없다. 모두 훌륭하고 멋진 사람이 되었고, 이는 아내의 부드러운 지도와 양육의 영향이 컸다. 아내는 상당한 의지력을 가지고 있어 집안에서 든든한 지주 역할을 해 왔다. 조용한 사람들을 주목해야 한다. 이런 사람들이 사물을 가장 명확하게 바라볼 줄 아는 이들이다.

"정직함보다 부유한 유산은 없다."

― 윌리엄 셰익스피어William Shakespeare(1564~1616)

## 진정한 성공

 우리는 소유로 표현되는 부를 기준으로 성공을 재는 데 익숙해져 있다. 오해가 없었으면 한다. 나도 장난감, 스포츠카, 시계 등을 갖고 싶어 한다. 하지만 이런 것들은 개인의 진정한 가치를 대변하지 못한다. 다른 사람들의 삶에 어떻게 영향을 미쳤는지가 더 중요하다. 당신과 마찬가지로 나 역시 인생이라는 장애물 경주를 해내기 위해 노력하고 있다.

 인생에 대해 나는 해답보다 더 많은 질문을 갖고 있다. 나는 다른 사람에게 친절하게 대하는 것의 중요성을 알고 있다. 한 번의 미소, 다정한 인사, 뜻밖의 칭찬 또는 감사의……. 이런 것들이 받는 사람에게는 얼마나 큰 의미가 될지 상상해 보라.

나는 이런 것들에 특별히 신경을 쓴다. 그렇게 해서 사람들이 나를 기억해 주기를 바라서가 아니다. 내가 원하는 인생이기 때문이다.

어떻게 기억되고 싶은가?

당신은 어떤 유산을 남길 것인가?

# 수용

> "인생 그 자체와 인생이 가져다 주는 결과를 무조건적으로
> 받아들이는 것 이외에 별다른 성공 방법은 없다."
>
> — 아서 루벤스타인Arthur Rubenstein(1886~1982)

인정하기란 쉽지 않다. 계약이 물 건너갔다든지, 차 사고가 났다든지, 해고당하거나 집이 무너졌다는 등 작은 일에서부터 큰일까지 여러 가지 나쁜 소식을 듣는 경우가 있다. 나라면 이제 살 수 있는 시간이 24시간밖에 없다는 소식을 들으면 흘러가는 시간이 아까울 것이다. 오늘이 내 생애 마지막 날이라는 사실을 무시하고 평소처럼 지내기는 힘들 것이다. 그런 생각을 하는 순간에도 시간을 흘러간다.

우리는 회피라는 구덩이에 쉽게 빠진다. 많은 사람들이 '나쁜 것은 보지도 듣지도 말라.'는 생각을 갖고 있다. 그런데 나쁜 소식을 받아들여 대응하지 않고 무시함으로써 상황이 악화되는 경우가 많다. 주차비를 내지 않으려고 하다가 견인되는 격이다. 고지서를 무시했다가 신용도가 바닥나는 격이다. 별 것 아닌 일로 돌이킬 수 없이 큰 부부싸움을 벌이는 격이다. 문제를 알지 못하면 해결책을 찾을 수 없다. 나 역시 재정과 직업 문제를 방관했다가 힘든 일을 겪었다. 하지만 어떤 일이든 어디엔가에는 해결책이 있다고 생각한다. 지금 내가 누리고 있는 인생을 잃지 않기 위해서는 어떤 문제라도 직시하고 해결하겠다는 생각을 갖고 있다.

나의 친한 친구인 스티브와 조쉬, 니콜은 수용이라는 교훈을 가르쳐 주었다. 이들은 의사가 알려 주는 나쁜 소식을 부인하지 않았다. 물론 소식에 실망하고 슬퍼했으며 화를 낸 적은 있었다. 우리는 무작위하고 불공평한 질병에 대해 많은 이야기를 나누었다. 하지만 모두들 자신의 문제와 당당히 마주했다. 자신의 진단 결과를 받아들였지만 결과에 굴복하는 대신 수용함으로써 질병과 맞서 싸울 수 있는 힘과 평정심을 얻었다. 결국 이들은 멋지게 살다가 멋지게 삶을 떠났다.

나는 부모님들이 내가 꿈꾸는 이상적인 부모상에 맞춰 주시기를 바라기보다 부모님의 있는 그대로의 모습을 받아들였다. 부모님에 대한 어떤 판단이나 불만도 없었다. 그럴 필요가 없었기 때문이다. 나는 불만을 늘어놓지 않고 그들을 이해했다. 어쨌든 두 분은 나의 부모님이고 나는 그분들을 사랑했기 때문이다.

 당신은 어떤 문제를 안고 있는가? 그 문제를 직시하고 전진하라. 장모님은 '문제가 되는 요소는 마음의 상자 속에 넣어라.'라는 멋진 철학을 갖고 있다. 부정적인 감정과 힘을 상상 속의 상자 안에 모두 넣어 버리라는 것이다. 그리고 그 상자를 손이 닿지 않는 높은 선반 위에 올려놓는다. 그러면 부정적인 감정을 '없애' 버리고 긍정적이고 건설적인 방법으로 전진할 수 있다. 나도 장모님의 인생 철학이 처음에는 좀 이상하게 들렸지만, 혹시나 하는 마음에 이 방법을 시도해 보았다. 그랬더니 이 간단한 의식은 몇 번이나 놀라운 경험을 할 수 있게 도와주었다. 그래서 평생 이 방법을 사용하기로 마음먹었다. 내 생애 마지막 날까지.

# 기적

"기적을 믿어야 현실주의자가 될 수 있다."

— 헨리 크리스토퍼 베일리Henry Christopher Bailey(1878~1961)

만일 열한 살짜리 꼬마가 당신의 손을 꽉 잡고 자신의 고통을 없애 달라고 간청하면 당신은 어떻게 할 것인가? 아무것도 해 줄 수 없으면서도 괜찮다고 안심시키겠는가? 올 추수감사절에 나는 사랑하는 아들에게서 가장 듣고 싶지 않은 말을 들었다. 매튜가 내게 "아빠, 나 아파요!"라고 했다. 매튜는 극소수만 앓는 교감신경 이영양증Reflexive Sympathetic Dystrophy; RSD이라는 진단을 받았다. RSD는 작은 상처나 충격에서 발전하여 생기는 신경계 질병이다. 매튜의 경우, 발을 삐었는데 제대로 치료하지 않아서 RSD에 걸린 것이다. RSD는 신경이 '작동 상태'에 있는 것으로, 통증을 유발하는 요소가 없는데도 신경이 고통의 메시지를 뇌로 전달하는 것이다. 다양한 치료가 필요했다. 신체적·정신적 치료부터 약물 치료까지, 멈추어 버린 컴퓨터처럼 신경 체계를 재부팅해야 했다. 이 병은 너무나 복잡해서 그 요인을 찾아내기도 힘들다.

매튜는 5주 전에 학교에서 축구를 하다가 다쳐서 왼쪽 발목 성장판에 금이 간 상태였다. 그 당시 매튜는 발목이 너무나 아프다며 한참 불평을 늘어놓았다. 하지만 의사는 매튜의 뼈가 잘 붙었으며 일상생활에 지장이 없다고 확인해 주었다. 매튜는 깁스를 벗은 바로 그날 다시 발목을 다쳐서 단단한 부목을 발목에 대었다. 매튜의 불평은 늘어만 갔다. 그러다 학예회가 있어서 5학년 학생들이 연극을 보여 주는 날, 불만은 절정에 달했다.

매튜가 의사의 지시대로 부목을 댔는데도 불구하고 너무 아프다며 소리를 지르고 울기 시작한 것이다. 매튜의 울음을 견디다 못했는지 선생님은 학부모들 앞에서 아이를 따끔하게 질책했다. 매튜가 관심을 받고 빨리 집에 가고 싶어한다고 생각했는지 매튜에게 집에 갈 수 없다고 타일렀다. 아내가 매튜와 한 시간 가량 함께하여 진정된 뒤에야 매튜는 교실로 돌아가겠다고 했다. 하지만 잠시뿐이었다. 그날 매튜는 다시 병원을 찾아갔다. 매튜에게 처음 깁스를 해 주었던 정형외과 의사는 "애당초 다치지 않은 게 아닌가요?" 하고 이상하게 여기면서도 다시 깁스를 해 주었다.

하지만 매튜의 불평은 사라질 줄 몰랐다. 너무나 걱정되고 화가 난 아내는 주변에서 추천하는 다른 소아 정형외과 의사를 찾아갔다. 의사는 당장 깁스를 풀고 매튜의 발을 확인했는데 매튜의 발은 혈액 순환이 되지 않은 듯이 차가웠고 파랬다. 의사는 오랫동안 발을 사용하지 못해서 원래 다친 부위가 악화된 것 같다고 말했다. 그런데 매튜의 불평을 좀더 듣더니 삐거나 부러진 증상은 아닌 것 같다고 했다. 이 의사도 다리에 금이 가지 않았다고 생각한 것이다. 그는 매튜가 RSD를 앓고 있는 것일 수도 있다는 사실을 인지했다.

참을 수 없을 만큼 아프다며 심해지는 매튜의 불평에 병원을 찾으면서 우리의 추수감사절은 물 건너갔다. 매튜는 걷지도 못해서 침대에 틀어박혀서 울고불고 소리를 질러 댔다. 장난기 가득한 막내가 아닌 완전히 다른 사람 같았다. 게임을 하자고 말을 건네 봐도 웃음 짓지 않았다. 고통과 걱정으로 가득해서 다른 것에 신경 쓸 틈이 없었던 것이다.

새 의사의 제의에 따라 다리 MRI를 촬영하기로 했다. 매튜가 움직이지 못하도록 MRI를 촬영하는 45분 내내 다리를 잡고 있다 보니 괜찮을 거라는 생각과 불안감이 교차했다. 이런 무시무시한 진단 기구를 사용하기에는 매튜가 너무 여리고 천진난만했다. 6개 정도의 원통 기계 안에서 뭔가 찍는 소리가 귀가 아플 정도로 크게 들렸다. 중간마다 나는 괜찮을 거라고 말하며 매튜를 안심시켰다. 나는 매튜의 두려움을 없애 주고 안정적으로 있을 수 있도록 하기 위해 이런저런 이야기를 쉴 새 없이 떠들어 댔다. 그래야 좀 더 명확한 사진이 나올 것 아닌가?

이틀 뒤, 의사는 추천서를 줄 테니 UCLA 응급실로 가서 검사를 받고 진통제를 받아 가라고 말했다. 다음 날 의사는 하부척추 MRI 검사를 제안했다. 결국 우리는 매튜를 소아 신경과에 데리고 가서 검사를 받기로 했다. 어디를 가나 똑같은 진단이 나왔다.

그렇게 잘 뛰어놀고 항상 웃었던 밝은 아이가 몇 주 동안 밤낮으로 끙끙 앓으며 고통을 호소하고, 제발 아프지 않게 해 달라고 매달렸다. 신경 안정제를 처방 받고 그 양을 늘리거나 약을 바꾸어 보기도 했지만 약을 아무리 많이 먹어도 매튜의 고통은 사라지지 않았다. 강력한 마취제인 메타돈조차도 매튜의 '타는 것' 같은 고통에는 효과가 없었다.

의사는 낫는 데 시간이 좀 걸릴 거라고 했지만 자식의 고통을 바라보는 부모에게 시간을 두고 바라보는 일은 악몽이었다.

아내와 나는 매튜가 울 때 힘을 주려고 노력했다. 아이의 몸을 어루만져 주고 머리를 쓰다듬으면서 얼마나 아픈지 충분히 알고 있으며 곧 괜찮아질 거라고 속삭여 주었다. 보호해 주어야 할 천진난만한 아들 녀석이 병으로 고통스러워하는 것을 바라보면서 아무것도 할 수 없다는 사실이 무기력하게 느껴졌다.

나는 매튜가 내 눈물을 보지 못하도록 얼굴을 가렸다. 충혈된 눈을 가라앉히기 위해 싱크대로 가서 몇 번씩이나 세수를 해 대곤 했다. 하지만 어느 날 밤, 매튜의 곁을 지키고 있다가 우는 모습을 들키고 말았다. 아이는 부드럽게 눈물을 닦아 주면서 작지만 다정한 목소리로 속삭였다. "아빠, 울지 마세요. 아빠가 울면 더 슬퍼져요."

"기적의 가장 놀라운 점은 기적이 일어난다는 것이다."
— G.K. 체스터튼G.K. Chersterton(1874~1936)

기적은 일어난다. 나도 기적을 목격했다. 그 경험을 겸허하고 감사하게 받아들이고 있다.

매튜를 다독이는 게 힘에 부쳐 여러 전문가를 찾아다닌 결과, 실력이 뛰어나고 열정이 넘치는 정신과·마취과·소아과 전문가를 만나게 되었다. 이 선생님은 매텔 아동 병원의 UCLA 소아과 통증 진료 팀에 근무하는 여의사로, 아동 RSD 진단과 치료의 전문가였다. 이곳은 전국 각지에서 부모들이 자식의 치료법을 찾기 위해 오는 마지막 보루였다. 다행스럽게도 이 병원은 우리 집에서 불과 1마일 정도밖에 떨어져 있지 않았다.

매튜를 검사하는 의사는 아이의 비명과 불만에 면역된 듯했다. 매튜가 울어도 의사는 계속 차분하고 애정 어린 눈길로 매튜를 바라보고 매튜가 말하는 증상을 귀담아 들었다. 그 여의사는 이 병동에서 매튜를 치료해 줄 여러 의사의 명단을 적어 주었다. 다들 이 분야의 전문가들로, 심리학·최면 치료·침술·물리 치료까지 동서양의 치료법을 섭렵하고 있었다. 그 여의사는 온화하면서도 단호한 목소리로, 매튜의 고통이 매우 크지만, 더 나쁜 상황도 많이 봐 왔다며 우리를 안심시켰다. 그녀는 우리에게 시간이 지나면 반드시 나아질 것이라고 확신을 심어 주었다.

다음 달은 우리 가족에게 정신적·육체적 고통의 도가니였다. 매튜가 제일 힘들었겠지만 나와 아내도 계속 침대 옆을 지키면서 걱정하고, 울고, 증상을 살피는 등 자신의 일을 버리고 헌신을 다했다. 그 덕분에 크리스마스가 어떻게 지나가는지, 즐거운 연말이 어떻게 다가오는지도 느끼지 못했다. 매튜가 이미 몇 주나 수업을 빠졌으니 언제 다시 학교 진도를 맞추고 반 친구들과 잘 지낼 수 있을지 걱정이 되었다. 매튜의 상태는 치료를 받고 약을 먹어도 별 효과가 없는 것 같았다. 발목에서부터 발바닥까지 발 전체가 너무나 민감해서 바람이 불거나 살짝 건드리기만 해도 난리가 났다. 결국 매튜는 발을 내려놓거나 베게 위에 올려놓을 수도 없게 되었다.

나는 임시변통으로 매튜의 종아리를 지탱해서 발을 안전하게 침대 위로 올릴 수 있도록 돕는 쿠션 하나를 만들었다. 매튜는 누군가 잘못해서 자기의 발을 만질지도 모른다는 두려움으로 질려 있었다. 무엇인가에 발이 닿기만 하면 밤낮으로 귀가 터질 듯이 소리를 질러 댔고 이내 눈물을 쏟아 내고 주체할 수 없을 정도로 몸을 떨었다. 부모로서 자식의 고통을 지켜보는 것은 고역이었다.

의사의 진단을 받은 지 한 달 정도 지났을 무렵이었다. 힘겹게 게임에 집중하고 있는 매튜 옆에 앉아 있었는데, 갑자기 매튜가 나를 바라보더니 차분하게 말했다. "이제 발이 아프지 않은 것 같아요."

"뭐?" 나는 내 귀를 의심했다.

"괜찮아진 것 같아요."
매튜의 말을 완전히 이해하기도 전에 매튜는 오른손으로 자신의 발바닥을 때렸다. 고통이 사라졌다! 매튜는 왼쪽 발과 정강이도 아프지 않다고 말했다. 왼쪽 발과 정강이를 찰싹 때리면서 아프지 않아 했다! 매튜는 한 달 만에 처음으로 거리낌 없이 일어서서 걷기 시작했다. 처음에는 휘청거렸지만 이내 자세를 바로잡고 걸을 수 있었다. 내 아들이 일어났다!

완쾌된 것은 아니었다. 발등과 발가락엔 여전히 고통이 느껴졌고, 오히려 전보다 더 심해졌다. 하지만 일어설 수 있게 되면서 나을 수 있다는 희망을 갖게 되었다. 매튜도 자신의 병을 고칠 수 있다는 사실을 믿고, 또 직접 느낄 수 있었다. 매튜가 웃자 나도 웃으면서 아내에게 와 보라고 소리쳤다. 아내와 함께 우리 아들이 몇 주 만에 다시 걷는 모습을 보았다. 남들이 보면 별다른 일이 아닐지도 모르지만, 우리에게는 기적이었다.

이틀 뒤, 매튜는 또 다른 놀라움을 선사했다. 왼쪽 발 상태가 한창 좋지 않을 때는 양말조차 신을 수가 없었는데 그날은 누나에게서 크리스마스 선물로 받은 테니스 양말을 신은 것이다. 양말을 착용한 매튜는 차분하고 편안해 보였다. 한 달 만에 처음으로 발을 씻었다고도 했다. 물이 발에 튀면 벌에게 쏘이는 것 같은 고통을 느꼈기 때문에 몇 주 동안 발을 욕조 위에 올리고 몸만 담가 왔던 것이다.

매튜는 모든 고통이 사라졌다고 자랑스럽게 말했다. 걷기 시작하면서 고통이 줄어들더니 이제 그 고통이 완전히 사라진 것이다. 매튜는 자신이 완전히 나았다는 것을 보여 주기 위해 가볍게 뛰었다. 나는 행복에 젖어서 숨을 쉴 수 없을 정도로 매튜를 꽉 안아 주었다. 어떻게 무슨 이유로 고통이 사라졌는지는 모르겠지만 더 이상 의문을 품지 않기로 했다. 기적을 믿지 않을 이유도 없었지만 기적에 대해 의문을 품고 있었는데 그 의문이 완전히 사라졌다. 하늘이 우리의 기도를 들어준 것이다.

기적은 기대하지 않을 때 나타나기 때문에 더욱 놀라운 것이다. 내 생애 마지막 날을 떠올리면서 어떤 기적이 일어날 수 있을지 생각해 보라. 나는 아들을 위한 기도를 하늘에서 들어주고 그에 대한 응답을 이렇게 빠르고 완벽하게 해 주리라고는 생각지도 못했다. 기적이란 바로 이런 것이다. 기적이 정말 일어나든 일어나지 않든 중요하지 않다. 중요한 것은 기적이 일어날 수 있다고 믿는 것이다.

# 구원

"인간은 사랑을 통해, 사랑에 빠져 구원을 얻는다."

― 빅터 프랭클Viktor Frankl(1905~1997)

구원은 3가지로 정의할 수 있다.

**1. 구조**
**2. 원죄에서 벗어남. 구세**
**3. 속죄**

구원이란 직접 보거나 느껴야 정확하게 알 수 있다. 구원은 영혼이나 종교와 밀접한 연관이 있다. 해방과 구세는 좀 더 위대한 선과 권위자의 존재를 인정하는 것이다. 학자들은 수세기에 걸쳐 이에 대해 논의하고 학설을 써 왔으니 나도 몇 문단만으로 이 주제를 끝마칠 수는 없을 것 같다.

그런데 지금 나는 신이나 종교에 대해 언급하려는 것이 아니다. 나는 단지 당신이 극히 개인적인 이 관념에 대해 자기 자신과 대화를 나누어 보기를 바라기 때문에 글을 남기는 것이다. 누구도 당신을 구원으로 이끌 수 없다. 눈에 보이거나 증명할 수는 없지만 구원이라는 것이 존재한다는 믿음을 가지면 된다.

구원은 언제 구하거나 찾아도 늦지 않는다. 이런 이유 때문에 나는 구원을 가장 마지막 장에 넣었다. 하지만 구원을 얻는 것은 정말 어렵다. 죽을 때까지 구원을 얻지 못하는 사람도 있다. 내면의 정신을 밖으로 표출하는 모험심과 달리, 구원은 영적인 것으로서, 외부에서 안으로 받아들여야 한다. 이는 또한 용서를 구하는 것과 깊은 관련이 있다.

나 자신을 발견하기 위한 여정에서 나는 참으로 놀라운 일을 겪었다. 구원을 찾은 것이다. 나는 유년기의 죄책감이란 족쇄에서 스스로를 해방시켰다. 삶을 스스로 선택하면서 구세의 손길을 찾았다. 아이들도 나를 구해 주었다. 덕분에 나는 편안하게 숨을 쉴 수 있게 되었다. 나는 더 이상 안절부절못하면서 무슨 일이 일어날지 걱정하지 않는다. 나는 성인이다. 나는 내가 갈 길을 스스로 선택하고 내 결정에 만족하며 평온을 느낀다.

"빛의 고마움을 알기 위해서는 어둠을 알아야 한다."
— 매들렌 렝글 Madeleine L'engle(1918~2007)

## 자아 찾기

내 삶의 수많은 축복을 알 수 있게 도와준 것은 다름 아닌 어둠의 시기였다. 그리고 순식간에 구원을 얻을 수 있었다.

2008년 4월 16일 아침, 차를 타고 말리부 협곡을 달리며 절벽 아래로 굴러 떨어지는 상상을 했을 때 나는 구원을 얻었다. 자살에 대한 자세한 상상은 나를 공포 속으로 밀어 넣었다. 그 덕분에 남겨질 가장 소중한 사람들에 대해 생각해 볼 수 있게 되었다. 당시에 내 곁에 있지는 않았지만, 아내와 아이들이 내 목숨을 구해 준 것이다.

여러 모로 봤을 때, 특히 아들이 구세주였다. 매튜가 기어 다니고 친구, 영웅, 지원자 등과 동급 단어인 '아빠'란 말을 처음 했을 때부터 말이다. 2년 뒤면 매튜는 내가 양자 입적 과정을 거쳤던 때와 같은 나이가 된다. 나는 내가 가지지 못했던 아버지의 지속적이고 헌신적인 사랑을 아낌없이 주려고 한다. 아이들이 나에게 "아빠, 사랑해요."라고 말하면 나는 언제나 "내가 더 많이 사랑한다."라고 답한다. 그러면 자신이 더 사랑한다며 우기는, 유쾌하기 그지없는 다툼이 일어난다. 정말 행복한 싸움이다. 이렇게만 살면 얼마나 좋을까? 이런 최고의 인생을 어떻게 버리고 떠날 수 있겠는가? 절대 그럴 수 없다. 앞으로도 그럴 일은 없을 것이다.

하지만 깨달음을 얻기 위한 길은 죽음의 길로 유혹했던 말리

부 도로보다 훨씬 더 길었다. 몇 년 동안 나는 한 가지 중요한 질문을 풀지 못하고 있었다. **"나는 누구인가?"**

아주 어릴 때는 내 존재가 부모님에 의해 선택되었다. 내 성과 이니셜은 열세 살 때까지 계속 바뀌면서 친구들에게 놀림감이 되었다. 그리고 양자 입적 결정을 하면서 제임스 윌리엄 에르콜라니 주니어라는 과거의 내 존재는 말끔히 사라지고 제임스 윌리엄 모렛으로 새롭게 태어났다. 내 출생증명서에서조차 나의 과거 이름은 찾아볼 수 없다.

열여덟 살 때, 베스트 프렌드인 스티브가 내 곁을 떠났다. 스물다섯 살 때, 힘들게 지켜 왔던 친아버지와의 관계가 결혼식 때문에 몇 년 간 끊어졌다. 아버지와 연을 끊은 것은 어머니와의 이혼, 양자 입적, 결혼식 이렇게 세 번이나 된다. 서른여섯 살 때, 나의 또 다른 베스트 프렌드인 조쉬가 우리 둘만의 독특한 추억을 남기고 세상을 떠났다.

나는 언제나 완벽한 아들이었다. 나는 다른 사람의 사랑을 받고자 하는 욕망에 억눌려 있었다. 그래서 대중의 사랑을 받을 수 있는 방송계의 꽃인 기자가 된 것이다. 하지만 결코 우연이란 없다.

사십대 중반, CNN을 떠나고 몇 년 간 일자리 확보에 위협을 느꼈다. CNN은 10여 년 간 몸을 담아 온 안식처였다. 나는 뉴스 앵커나 TV 프로그램 진행자로 일하면서 프로그램이 조기 종영되면 자기 자신에 대한 인식이 흐려진다는 사실을 배웠다. 나는 농담으로 아내에게 거실에 카메라와 데스크를 설치하고 사람들은 집에 불러 인터뷰해야겠다고 말한 적도 있다. 당시에는 어찌할 바를 몰랐다. 내 자신의 중요한 부분을 잃은 것 같았다.

이제 끝이라고 생각하고 내 삶을 뒤돌아본 덕에 감사, 우정, 사랑, 희생, 서약, 용서, 사과, 이해, 연민, 끈기, 음악, 웃음, 모험, 열정, 소유, 놀라움, 경이로움, 목적, 유산, 수용, 구원, 소망 등의 소중한 교훈을 얻을 수 있었다.

### 나는 누구인가?

나는 이 모든 경험의 산물이다. 나는 남편, 아버지, 아들, 형제, 삼촌, 친구, 뮤지션, 변호사, 기자다.

경험을 통해 배우지 않았다면 나는 지금까지도 방황하고 있었을 것이다. 포기는 선택 사항이 아니다. 포기는 내게 가르침과 사랑을 주고 계속 내 곁에 있어 주기를 바라는 소중한 사람들의 기대를 저버리는 일이다. 보험금이 얼마나 크든 상관없이 그들은 내가 죽기보다는 살아 있기를 원한다.

결국 나는 삶을 끝내기보다 삶을 진솔하게 살기로 결심해야 했다. 이 책을 처음 시작할 때 나를 부정적인 길로 인도했던 고민을 토로한 바 있다. 여전히 같은 문제로 고민하느냐고? 그렇다. 문제 없는 인생은 없다. 지금도 나는 여러 가지 문제에 직면하고 있지만, 다시는 내 자신을 잃어버리지 않겠다고 다짐했다.

구원

자아 성찰을 하면서 내게 변한 것이 있다면 내 인생의 문제를 직면하는 것이 중요하다는 것, 그리고 내 인생에 내려진 축복을 잊지 않겠다는 관점이 생겼다는 것이다. 인생의 굴곡은 절대 통제할 수 없다. 그 누구도 그런 능력은 갖고 있지 않다. 하지만 생각하지 못했던 일에 대한 대응은 스스로 결정할 수 있다. 모순적인 말이지만 내가 인생의 바닥을 경험하지 않았더라면 이런 자아 성찰의 여정을 떠날 수 없었을 것이다.

앞으로도 내게는 수많은 고난과 역경이 닥칠 것이다. 하지만 나는 이제 내게 중요한 것이 무엇인지 확실하게 깨닫고 있다. 그중에서 주어진 삶을 누리는 것이 제일 중요하다.

# 24시간 체크리스트

"인생의 가장 위대한 목표는 지식이 아니라 행동이다."
— 토마스 풀러Thomas Fuller(1608~1661)

당신이 생애 마지막 날에 해야 할 일의 목록을 만들어 보라.

가고 싶은 곳?
보고 싶은 것?
누군가에게 사과하거나 용서를 구하고 싶은가?
누군가에게 감사, 동정, 이해를 보여 주고 싶은가?
어떤 친구와 웃음을 공유하고 싶은가?
마지막 날, 어떤 음악을 듣고 싶은가?
마지막 모험으로 어떤 일을 하고 싶은가?
생애 가장 뜨거웠던 열정은 어떤 때였는가? 가장 소중하게 생각하는 놀라운 경험에는 어떤 것이 있는가?
당신 인생의 목적과 유산은 무엇인가?
자신에게 '최고의 날'은 언제였는가?

"아름다운 오늘을 그냥 지나치지 말라."
— U2

내 생애 마지막 날에 하고 싶은 일을 결정하는 동안, 내 생애 최고의 날을 떠올릴 수밖에 없었다. 생애 최고의 날에 일어난 일, 행동, 사람은 내 인생에서 가장 의미가 있기 때문이다.

# 내 생애 마지막 날 되돌아보기

"자신을 믿으면 사는 법을 알게 될 것이다."
— 요한 볼프강 폰 괴테 Johann Wolfgang von Goethe(1749~1832)

## 가장 힘들었던 인터뷰

이 여정을 시작할 무렵 내 직업이 아니라 내 인생에 가장 어려운 질문을 던졌다. 이런 질문에 대한 해답을 찾는 것이 가장 어려웠다. 그 질문 중에서 가장 어려웠던 질문은 "나는 과연 살고 싶은가?"였다. 지금 이런 의문이 든다면 당연히 "그렇다."고 대답할 수 있다. 나는 정직해지려고 노력한다. 나는 나 자신을 속이더라도 그 사실이 거짓이란 사실이 밝혀지면 말짱 도루묵이란 사실을 깨달았다. 뿐만 아니라 단순한 '진실'이 아니라 '나의 진실'을 정확하게 알게 되었다. 마음과 감정을 다스릴 때면 절대적인 진실이 정말 존재하는지 의문이 든다.

  나는 어떤 인생이나 모두 소중하고 그 기간이 한정적이란 사실을 배웠다. 우리 인생에는 시작과 끝이 있다. 그리고 자신의 인생이 언제 끝나게 될지는 아무도 알지 못한다. 나는 절친한 친구가 살기 위해 애쓰는 모습을 보았고, 그 덕분에 내 생애 마지막 날을 생각해 볼 수 있었다. 꿈을 언제까지 좇아야 하는지 사전에 알 수 있는 사람은 아무도 없다. 그래서 나는 새로운 시각과 새롭게 얻은 믿음, 긍정적인 마음으로 중무장하고 앞으로 나아가고 있다. 물론 누구나 미래 계획이 있을 것이다. 하지만 현실에 충실하고 매순간을 열심히 살 수도 있다. 나는 이제 현실에 완전히 충실하기로 마음먹었다. 나는 이 자아 성찰의 여정을 거쳐 오면서 경이로움과 즐거움을 경험했다. 이런 경이로움과 즐거움은 반드시 우리가 목표로 하는 도착점에 도달해야만 얻을 수 있는 것이 아니다.

  살 수 있는 날이 하루밖에 남지 않았다고 상상해 보라. 생애 마지막 날을 어떻게 보낼 것인가?

혼자 방 안에서 죽음을 기다리겠는가? 혹은 우정, 사랑, 동정을 다른 사람과 나누며 보내겠는가?
음악과 웃음의 즐거움을 함께 나누겠는가?
사과하거나 용서하며 시간을 보낼 것인가?
하루 중에 얼마만큼을 감사, 희생, 서약에 중점에 두었는가?

끈기를 갖고 목적을 달성하기 위한 걸음을 옮기겠는가? 하루 동안 겪을 수 있는 놀라움과 경이로움에 몸을 맡길 것인가? 바람을 생각하거나 어떤 것을 수용하거나 마음의 구원을 얻기 위해 노력하겠는가? 최고의 날을 경험하기 위해 노력하겠는가?

### 안녕? 안녕!

몇 년 전에 친구 래리의 장례식을 치르면서 너무나 갑작스럽게 그에게 죽음이 다가온 것 같다는 생각이 들었다. 래리는 자신에게 가장 소중한 사람들에게 마지막 인사조차 하지 못했다. 래리는 그저 주어진 삶을 산 것이 아니라, 삶 그 자체를 포용하며 살았다. 평소 행동을 통해 많은 것을 보여 주기는 했지만, 그래도 그가 마지막 말을 할 수 있는 기회가 있었다면 어떤 말을 했을까?

그런 생각이 들자 교리에는 벗어나지만 미리 작별 인사를 준비해야겠다는 마음이 들었다. 나는 유서를 써서 금고에 넣어 두면서 내가 죽으면 큰 소리로 읽어 달라는 메모를 함께 넣었다.

어떤 사람들은 얼마나 오래 사는가보다 삶을 어떻게 사는가가 더 중요하다고 말한다. 나는 정말 좋은 삶을 살았다.

나에게 있어서 사랑하는 가족과 함께할 수 있었던 것은

인생의 축복이었다. 나는 세상에서 가장 아름답고 사랑스러우면서 품위 있고 조용히 힘을 발휘하며 끊임없는 사랑을 주는 여자와 결혼했다. 나는 이 여자와 한 번의 결혼식도 모자라 20년 뒤에 두 번째 결혼식을 올렸다.

우리 부부에게는 눈에 넣어도 아프지 않을 세 자녀가 있다. 아만다는 나와 판박이로, 재능과 자신감이 넘치고 영화나 삶에 항상 충실한 딸이다. 아내의 아름다운 외모를 빼닮은 칼리는 누구에게나 친근하게 느껴지는 딸이다. 작은 짐이라고 할 수 있는 매튜는 항상 우리를 웃게 해 주며, 이 녀석 없이 어떻게 살았는지 상상조차 할 수 없게 하는 존재다.

어머니는 몇 년 간 나와 단 둘이 살면서 세상의 편견을 이겨 내며 나를 기르고 직장에서도 성공했다. 어머니의 흔들리지 않는 결단력은 내 삶에 많은 영향을 주었다. 어머니가 새아버지를 만난 것은 우리 가족에게 큰 행운이었다. 나는 여섯 살 때부터 새아버지를 아버지라고 불렀다. 나는 새아버지가 나를 아들이라고 불러 주는 것이 참으로 자랑스러웠다.

친아버지와 나는 몇 년 간 실수, 해야 할 것, 했어야 할 것, 할 수 있는 것 등의 이유로 많은 다툼을 겪었다. 하지만 곧 현재가 중요하며 서로에게 의지해야 한다는 사실을 인지하고, 더 이상의 시간 낭비를 하지 않기로 했다.

아버지는 내게 줄 수 있는 최대한의 사랑을 주셨다. 나를 이 세상에 태어나게 해 주신 친아버지와 어머니께서 정정하신 모습으로 지금까지 나와 함께해 주셔서 너무 기쁘다.

잉꼬 부부인 장인, 장모님은 친자식처럼 나에게 무한한 사랑을 주셨다. 나는 또 다른 부모님을 모실 수 있어서 참 기뻤다.

언제나 이 오빠를 믿어 준 내 귀여운 여동생 홀리는 어릴 때 기쁨을 안겨 주었고 커서도 나와 내 아이들에게 큰 즐거움이 되어 주었다.

내 남동생 크리스찬과 안소니와는 많은 시간을 함께하지는 못했지만 나는 이들을 무척 사랑한다.

친구로 사람의 부를 측정한다면 나는 엄청난 부자다. 나는 많은 친구들과 놀고, 웃고, 즐기며 자랐다. 내 마음만큼 많이 보지 못한 친구들도 있겠지만, 많은 친구들이 나에게 우정의 의미를 가르쳐 주었다. 내게 필요할 때, 친구들은 내 곁에서 자신감과 용기를 부여해 주었다. 내가 그에 대한 보답을 잘했길 바란다. 나는 어릴 적에 느꼈던 충만감을 결코 잊지 못한다.

나는 꿈꿔 왔던 모든 것을 다했다. 비행기를 몰아 봤고(정말 몇 번 몰았다) 헬리콥터 수업도 들었다. 라스베이거스 자동차 경주장에서 소형 경주차인 인디 카와 쉘비 코브라도 몰아 봤다. 나는 윌로우 스프링스에서 교육을 받고 롱비치 그랜드 그랑프리 프로/셀레브리티 경주Long Beach Grand Prix Pro Celebrity Race에서 완주도 해 보았다(나는 14명 중에 6등으로 달리고 있었으나 3번째 랩에서 뒤처졌다). 할리 데이비슨 오토바이를 사서 교육을 받고, 원동기 면허증도 땄다. 나는 다른 사람과 같은 디자인은 싫었기 때문에 항상 개조한 스포츠카를 타고 다녔으며 속도 제한에 묶여 사는 인생을 싫어했다.

나는 전 세계 많은 곳을 가 보았다. 특히 파리는 내가 제일 좋아하는 도시다. 아내가 파리에서 대학을 다닐 때 아내를 따라 파리에 갔으며, 수십 년 뒤에는 함께 여행을 했다. 이집트의 피라미드, 호주 시드니의 하버브릿지, 드라큘라 성에서 일주일간 머물렀던 트란실바니아 등……. 미친 듯이 돌아다닌 것 같다고 생각할 수도 있지만, 나는 정말 잘 다녔다고 생각한다.

고등학교 때, 나의 우상인 '콘래드Conrad Birdie'와 같은 록 스타가 되고 싶다는 꿈을 꾸었다. 나는 마흔 살 때부터 기타 레슨을 받았다. 결국 마흔다섯 살이 되기 전에 나만의 스튜디오를 만들었다. 지난 30년 간 올맨브라더스Allman Brothers, 제임스 테일러James Taylor, 이글스 노래만 줄곧 연습해서 결국 버젓한 뮤지션이 되었다.

변호사로, 또 1년 간은 의류업체 직원(지우고 싶은 1년이다)으로 전전하다 결국 내게 딱 맞는 직업을 찾았다.

이야기를 하고 돈을 버는 직업이었다. 무엇보다도 10여 년 간 내가 좋아하는 음악 영웅인 에릭 클랩튼Eric Clapton, B.B. 킹B. B. King, 래리 칼튼Larry Carlton, 카를로스 산타나Carlos Santana 등과 인터뷰를 할 수 있었던 점이 너무 좋았다. 나는 이글스와 함께 어울렸고 엘튼 존, 데이비 존스톤Davey Johnstone, 로벤 포드Robben Ford 등과 친구가 되었다. 나는 《투데이 쇼》나 《굿모닝 아메리카Good Morning America》 같이 인기 있는 프로그램을 맡지는 못했지만 래리 킹의 대타를 맡았던 것만으로도 부끄럽지 않은 방송인이었다고 생각한다. 나는 내가 좋아하는 일을 했고 내가 하는 일을 좋아했다.

나는 엄청난 행운을 얻었으며 축복을 받은 것을 알고 있으며, 언제까지 이 행운이 이어질지 염두에 두고 있다. 하늘에서는 더 이상 이 행운과 함께할 수 없다고 하니, 내 일부분을 모든 이들에게 남기고 떠나고자 한다. 나와 함께 한 시간이 나만큼 즐거웠길 바란다.

아내가 여권을 찾는다고 금고를 뒤지다가 유서를 발견할 때까지 나는 이 마지막 편지에 대해 까맣게 잊고 있었다. 유서는 내가 이 마지막 장을 집필할 때 발견되었다. 다시 한 번 우연이란 없다는 생각이 든다.

아내는 유서를 보니 우울해진다고 말했지만 나는 유서가 믿음직하게 느껴졌다. 작별 인사를 담은 유서이긴 하지만, 죽음이 아니라 삶에 대한 이야기로 가득차 있기 때문이다. 이 유서를 쓰면서 내 인생의 부정적인 부분이 아닌 긍정적인 부분만 생각할 수 있었다. 하지만 글로 옮기고 난 뒤 보이지 않는 곳에 놔두고 완전히 잊어버린 것은 실수였음을 인정한다. 몇 년 만에 유서를 다시 읽고 나니 내가 삶을 사랑하는 이유를 다시 한 번 알 수 있었다. 그리고 이런 삶을 되도록 오래 영위해야겠다는 생각을 하게 되었다. 과거를 회상함으로써 미래로 나아가야 할 이유를 알게 된 것이다. 가치 있는 교훈을 얻었다.

## 거울 치료법

"자기 자신의 모습은 볼 수 없으니
당신의 반사체이자 거울인 나를 통해 지금껏 당신도 몰랐던
자신을 발견할 수 있을 거예요."

― 윌리엄 셰익스피어 William Shakespeare(1564~1616)

또 다른 24시간을 시작하기 전인 아침이 바로 전날을 반성해보는 가장 좋은 시간이다. 어제가 내 생애 마지막 날이었다면 나는 알차게 하루를 보냈는가? 내가 보낸 시간만큼 가치 있는 결과를 얻었는가? 긍정적이고 건설적인 무언가를 하며 시간을

보냈는가, 아니면 그저 의미 없이 보내거나 후회 속에 갇혀서 보냈는가?

지난 24시간이 어땠는지 생각해 보라. 당신의 생애 마지막 날은 좋았는가? 어떻게 하면 더욱 좋고 의미 있으며 생산적인 하루를 보낼 수 있겠는가? 기회는 단 한 번뿐이다. 되돌아갈 수 없고, 경험을 통해 깨달은 것을 바탕으로 앞으로 나아갈 수밖에 없다.

매일 이런 생각을 갖고 생활해 보라. 매일 아침 거울을 보고 자신의 어제를 되돌아보는 시간을 가져라. 자기 자신과 진실로 정직하게 대화하면, 이 방법을 통해 한 발 전진할 수 있는 힘을 얻을 수 있을 것이다.

### 생각을 행동으로 옮겨라

"자신의 생각을 소중히 여기고, 그 소중함을 얕보지 말라."

― 로버트 헨리 Robert Henri(1865~1929)

앞으로의 24시간이 당신의 최고 24시간이라면? 주변 사람에게 당신이 그를 얼마나 사랑하는지 표현하고, 오랫동안 마음속에 자리 잡아 당신의 영혼을 갉아먹는 분노와 원망을 내보내라. 앞으로 자신에게 24시간밖에 남지 않았다면 뭔가 의미 있는 일을 해야 하지 않을까? 자신의 생애 마지막 날을 길이 남을 날로 만들기 위해 어떻게 하면 좋을지 생각해 보라. 하루하루를 이런 생각으로 살아간다면 매순간이 얼마나 값질지 생각해 보라. 어떤 일을 행할 수 있는 능력이 있는데 왜 행하지 않고 바라기만 하는가? 당장 행동에 옮겨라. 방향을 정하고 발걸음을 옮겨라. 생각을 담고 있지 말고 표현하라. 생각을 행동으로 옮겨라. 그리고 하루하루를 자신의 마지막 날이라고 생각하라. 그러면 하루하루가 하늘에서 내려 준 선물인 것처럼 소중하게 여길 수 있을 것이다.

# 내 생애 마지막 24시간

"내가 시간을 지배해야지 시간이 나를 지배하도록 놔둬서는 안 된다."

— 골다 메이어 Golda Mabovitz(1898~1978)

다행히도 오늘은 내 생애 마지막 날이 아니다. 하지만 나는 매일 아침 오늘이 내 생애 마지막 24시간이라고 생각한다. 매일 '24시간의 시계'를 리셋하는 것이다. 마지막 24시간을 어떻게 보낼까? 현실적인 결과를 가져다 주는 비현실적인 생각이다. 이 생각은 앞으로의 24시간을 절박하게 만듦으로써 눈에 띄는 결과를 불러 온다.

나는 매일 하루를 내 생애 마지막 날이라고 생각하며 긍정적인 영향과 주변 사람들에게 온 힘을 다 쏟기 위해 노력한다. 이런 방법으로 삶을 살면 내 남은 생이 더욱 값지고 즐거우며 의미 있을 것이라 생각한다. 죽음에 대한 생각이 나에게 진정한 삶의 방식을 가르쳐 주는 것이다. **누구나 당연하게 생각하는 것을 마음으로 배우기 힘든 경우가 종종 있다.**

나는 아직 내 목표에 도달하지 못했다. 나는 앞으로 무슨 일이 일어나든 상관없이 내 삶의 여정을 계속 이어 갈 것이다.

나는 시간을 친구처럼 여기기로 했다.

시간에 감사하고, 시간을 지키고, 시간을 사용하고, 시간을 최대한 활용할 것이다. 나는 내 남은 생의 하루하루를 내 생애 마지막 날이라고 생각하며 살 것이다.

# 감사의 말

길고 외로운 집필 과정이었지만 이 책은 많은 사람의 도움, 지지, 믿음이 없었으면 만들어지지 않았을 것이다.

이 책 제안을 받았을 때 만든 1교 원고를 보고 나에게 끊임없는 용기를 준 친구 토니 코란과 니콜 울레리치, 아미 데시이에게 감사한다. 타고난 작가인 내 동생 크리스찬은 많은 시간을 통화하면서 내 생각을 글로 옮길 수 있게 도와주었고 그와 더불어 과거의 짐을 덜어 낼 수 있게 해 주었다. 언젠가 크리스찬에게 작문의 어려움을 토로했더니 "그래서 작가들이 술을 마시는 거야."라고 대답해 준 적이 있다.

내 글을 다듬어 줄 사람이 있을까 의문이 들었지만 친구이자 탤런트 에이전트인 데이빗 로너가 원고를 읽고 문장을 잘 다듬어 준 뒤 뉴욕에 있는 그의 동료 멜 베거에게 전달했다. 나는 아직까지도 멜과의 첫 통화를 잊을 수 없다. 멜은 전화로 이렇게 말했다. "누군가에게 어떤 원고를 받아서 읽고 있는데, 글쎄요, 다른 사람에 대한 글인데 어떻게 거부할 수 없는 글이네요." 멜은 책을 완성하기 전까지 직접 만나 보지도 못했는데 나의 지지자이자 대리인이 되어 주었다.

마이클 바이너는 내가 책을 쓰기 시작할 때부터 지대한 관심을 보여 주었다. 몇 달 뒤, 우연히 식당에서 만났을 때 마이클은 "여전히 당신 책을 출판하고 싶소."라고 말해 주었다. 마이클의 믿음과 선견지명 덕분에 내 꿈이 이루어질 수 있었다.

목표, 열정, 이해심을 두루 갖춘 편집자인 댄 스메탄카를 만난 것은 행운이었다. 댄의 도움 덕분에 훨씬 더 좋은 글을 쓸 수 있었다. 글을 쓰는 과정은 힘들었지만, 편집은 재미있었다.

마지막으로 이 책에 등장하는 모든 인물에게 감사하고 싶다. 그들이 있었기에 지금의 내가 있을 수 있었고, 삶의 축복과 중요성을 깨달을 수 있었다.